ZHIDU FAZHAN CHUANGXIN ZHUANXING YU
ZHONGGUO QUANQIU JIAZHILIAN DONGTAI SHENGJI

制度发展、创新转型与中国全球价值链动态升级

曹玉平 ◎ 著

河南大学出版社
HENAN UNIVERSITY PRESS

·郑州·

图书在版编目(CIP)数据

制度发展、创新转型与中国全球价值链动态升级／曹玉平著. -- 郑州：河南大学出版社，2024.9.
ISBN 978-7-5649-6057-5

Ⅰ.F124

中国国家版本馆 CIP 数据核字第 2024WL1852 号

责任编辑　辛德萱
责任校对　李圣杰　张　雷
装帧设计　高枫叶

出　版	河南大学出版社
	地址：郑州市郑东新区商务外环中华大厦 2401 号
	邮编：450046
	电话：0371-86059701（营销发行中心）
	网址：hupress.henu.edu.cn
排　版	河南大学出版社设计排版中心
印　刷	广东虎彩云印刷有限公司
版　次	2024 年 9 月第 1 版　　印　次　2024 年 9 月第 1 次印刷
开　本	710 mm×1010 mm　1/16　　印　张　11.75
字　数	197 千字　　　　　　　　　定　价　38.00 元

（本书如有印装质量问题，请与河南大学出版社营销部联系调换。）

目　　录

第一章　绪论 …………………………………………………… 1
　　第一节　理论与现实背景 …………………………………… 1
　　第二节　学术史梳理 ………………………………………… 3
　　第三节　研究框架 …………………………………………… 6

第二章　预算软约束体制对异质技术创新的影响研究 ………… 10
　　第一节　引言 ………………………………………………… 10
　　第二节　预算软约束影响异质创新的理论机制 …………… 15
　　第三节　实证研究设计 ……………………………………… 19
　　第四节　计量回归结果 ……………………………………… 26
　　第五节　结论与讨论 ………………………………………… 40
　　第六节　本章小结 …………………………………………… 41

第三章　金融结构体制对技术创新转型的影响研究 …………… 43
　　第一节　引言 ………………………………………………… 43
　　第二节　金融结构驱动创新转型的理论机制 ……………… 49
　　第三节　实证研究设计 ……………………………………… 52
　　第四节　计量分析结果 ……………………………………… 57
　　第五节　结论与讨论 ………………………………………… 66
　　第六节　本章小结 …………………………………………… 69

第四章 国家创新示范区建设对区域创新结构的影响研究 ·········· 70
第一节 引言 ·········· 70
第二节 科技园影响区域创新结构的理论机制 ·········· 75
第三节 实证研究策略 ·········· 81
第四节 政策评估结果 ·········· 87
第五节 结论与讨论 ·········· 96
第六节 本章小结 ·········· 98

第五章 风险投资与不良贷款对产业创新转型的影响研究 ·········· 100
第一节 引言 ·········· 100
第二节 理论分析与假说提出 ·········· 104
第三节 实证研究设计 ·········· 108
第四节 实证分析结果 ·········· 113
第五节 结论与建议 ·········· 119
第六节 本章小结 ·········· 121

第六章 异质创新对全球价值链动态升级的影响研究 ·········· 123
第一节 引言 ·········· 123
第二节 异质创新影响全球价值链升级的理论机制 ·········· 127
第三节 计量模型、变量与数据 ·········· 133
第四节 实证结果与分析 ·········· 137
第五节 结论与讨论 ·········· 143
第六节 本章小结 ·········· 145

第七章 总结与展望 ·········· 147

参考文献 ·········· 151

附录 ·········· 169

后记 ·········· 181

第一章 绪论

第一节 理论与现实背景

随着运输技术、通信技术和经济全球化的迅速发展,运输成本和交易费用显著降低,推动国际分工由最初的产业间分工不断深化到产业内分工,并演进至当下的产品内国际工序分工阶段。全球多数国家和地区都已凭借其要素禀赋结构嵌入全球价值链(GVC)的相应要素密集度区段。我国1978年的改革开放适逢国际工序贸易这一新型全球化浪潮,通过四十多年来的积极融入,中国的开放发展取得了巨大成就,已从一个封闭经济体变成"世界工厂"。短时间里如此巨大的开放成就不仅得益于政府政策、要素禀赋、后发优势、市场力量等的协同配合,更与产品内工序贸易这种贸易形式的出现密切相关。原因主要体现在两方面:

首先,在国际工序贸易背景下,劳动形式丰富的国家(如中国)不仅可以按比较优势生产劳动密集型产品,还可以涉足资本或技术密集型产品的劳动密集型工序区段;不仅可以从事一般贸易,还可以进行加工贸易;不仅会为了消费而进口,还会为了生产或出口而进口,产生了大量的中间品贸易。所以,与基于产业或产品维度的国际分工相比,工序维度的国际贸易大大拓宽了国家和地区参与全球分工的空间和可能性。

其次,在国际工序贸易背景下,发达国家将低附加值生产区段剥离,集中从事高附加值服务环节。同时,发展中国家放弃了原本不具有比较优势的高附加值进口替代环节,更多地承担了从发达国家转移而来的生产、组装等非核心工序区段。因此,国际工序贸易引发的工序集散重组提高了世界各地区要素禀赋结构与服务或生产环节要素密集度的匹配性。在上述机制的作用下,随着贸易壁垒和交易成本的显著降低,以及各国贸易自由化的不断推进,国际分工细化程度得到了极大的提升,加之中间品贸易的放大效应(magnification effect),我国的经济开放程度得以迅速而大幅地提高。

然而,在肯定我国开放发展成就的同时,也必须认识到我国在国际工序分工图景中仍主要集中在劳动密集型区段,在 GVC 中还处于微笑曲线底部的中低附加值环节。我国本质上是世界加工厂而非世界创新工场。通过技术创新实现经济结构转型,进而向全球价值链的高端攀升,是实现我国由贸易大国向贸易强国转型的关键,也是我国经济进一步高质量发展的核心内容。此外,面对低成本优势丧失、资源生态危机、创新能力不足和多变的国际经济金融环境,如果不积极变革传统的开放经济模式,我国很有可能陷入已有比较优势丧失,而新生比较优势尚未建立的尴尬局面。根据要素禀赋理论,技术创新不足,尤其是高层次科技创新落后是造成当前我国低端分工地位的核心原因。因此,加快发展前沿科技和高新技术,推动技术进步模式由模仿(从 1 到 N 型)向创新(从 0 到 1 型)转型,是我国从比较优势困境中突围、扭转开放经济困境的根本出路。

然而,一国技术创新的速度也是一个内生变量,与其制度安排密切相关。制度具有强大的激励作用,为技术创新提供了关键推动力。我国作为转轨尚未完成的发展中经济体,一些制度体制可能有利于在技术复制模仿阶段发挥快速追赶的后发优势,但在当下迫切需要进行准前沿、前沿创新的结构转型阶段,这些制度体制是否仍能发挥应有的激励作用?若不能,应该怎么进行适应性调整?这些问题都值得进行细致的研究。

总之,在认识到国际分工地位提升的必要性以及技术创新重要性的基础上,从探讨我国技术创新的促进与阻碍因素出发,进一步研究技术创新对我国全球价值链动态升级的关键作用。这在理论上有机融合了制度经济学、经济增长理论、产业组织理论和国际贸易理论等经济学分支,形成了一个较为完整的关于经济转型发展的分析体系。在实践上,本选题立足中国现实,反映当代经济全球化图景,以 GVC 动态升级为导向,对经济金融体制改革、区域发展政策以及创新与产业政策进行了深入思考。这对于推动我国经济通过创新型国家建设以规避"中等收入陷阱"、通过高端要素积累实现高质量发展,以及通过经济开放战略转型打造贸易强国等都具有重要的启示意义。

第二节 学术史梳理

以下主要对全球价值链本身及与之高度相关的理论与实证研究文献进行回顾,关于影响技术创新的激励因素以及技术创新影响全球价值链动态升级的研究文献,将在后文的相关章节里进行总结和评述。

一、国内相关研究

第一,关于 GVC 基础理论的研究。卢锋针对国际工序分工现象,提出了产品内分工概念,并从比较优势和规模经济两方面分析了产品内分工的利益源泉,同时探讨了不同产品工序分工强度差异和当代产品内分工发展的原因(卢锋,2004)。曹明福将 GVC 分工利益分解为分工利益和贸易利益(曹明福,2005)。表明发达国家能同时获得这两者,而落后国虽能获取"分工利益",但其"贸易利益"却可能是负值。因此,争取"贸易利益"和实现价值链攀升成为发展中国家改善"中心-外围"格局的必由之路。

第二,关于 GVC 组织理论的研究。刘庆林分析发现,产业特性、东道国经济环境以及企业发展战略是影响发达国家企业选择 FDI 模式还是外包模式的重要因素(刘庆林,2007)。胡国恒研究表明,如果某一行业技术密集度越高或东道国企业技术能力越弱,企业越倾向于 FDI 模式;反之,企业会选择外包模式(胡国恒,2006)。相比东道国的工资水平、投资鼓励政策等因素,其契约环境、企业技术能力等因素是吸引国际生产转移的持续动力。

第三,关于 GVC 与技术扩散的研究。王滨的研究检验了 FDI 对中国制造业的技术溢出效应,发现 FDI 对制造业 TFP 的横向和前后向关联溢出效应为正(王滨,2010)。王俊的研究则显示,在跨国外包的进口溢出、出口溢出和纯知识溢出这三种技术扩散渠道中,仅有进口溢出效应是显著的(王俊,2013)。

第四,关于 GVC 的实证研究。唐海燕对中国在 GVC 分工体系中的竞争地位进行了实证研究,结果发现,尽管中国的比较优势在逐渐向 GVC 的中高端延伸,但中国仍然处在低附加值的劳动密集型区段(唐海燕,2009)。徐滇庆基于增加值贸易核算法,重新估算了中国的外贸依存度和失衡度,结果显示,2007 年中国的外贸依存度从官方统计的 68.02% 下调为 31.59%,外贸失衡度也从官方统计的 10.13% 下调为 2.11%(徐滇庆,2013)。

第五,关于中国 GVC 动态升级的研究。刘志彪从国家价值链(NVC)与 GVC 平衡协调发展的角度出发,认为从被"俘获"的 GVC 中突围,加快构建 NVC 体系对中国的产业升级具有重要战略意义(刘志彪,2009)。卢福财通过博弈分析表明,跨国公司会无条件地封锁中国企业的价值升级路径,中国企业要突破 GVC 低端锁定状态,必须解决好创新能力不足等方面的障碍(卢福财,2008)。

二、国外相关研究

第一,关于 GVC 基础理论的研究。Arndt 利用国际贸易常规分析技术,研究了全球外包和转包等产品内分工现象的影响(Arndt,2002)。Deardorff 则在李嘉图框架和 H-O 框架下分别讨论了产品内分工理论,并给出了一系列利用传统国际贸易研究技术构建的模型(Deardorff,2005)。

第二,关于国际生产组织理论的研究。在 GVC 背景下,跨国公司面临国际生产组织形式的选择:一体化还是外包。Antras 等建立了一个总部服务密集度模型,指出如果中间投入品生产需要高密度的总部控制,通常采用一体化形式;反之,则采用外包形式(Antras et al,2006)。Yeaple 指出,当产品是 R&D 密集型时,公司更倾向于选择国内外包而非国际外包,且通过公司内贸易进口的份额占总进口的比例更高(Yeaple,2008)。

第三,关于 GVC 的实证研究。Yeats 通过观察东亚地区"零件和部件贸易"增长情况,为产品内分工经验研究提供了一个度量方法(Yeats,2003);Kei Mu Yi 则通过建立新的产品内分工模型,并进行数据模拟,从纵向国际分工角度解释了当代世界贸易快速增长的原因(Kei Mu Yi,2010)。

第四,GVC 与发展中国家产业升级研究。Gereffi 认为,LDCs 通过参与 GVC

并进行组织学习,可以提升技术、管理等方面的能力,这是实现产业升级的重要途径(Gereffi,2006)。Pack 等的研究认为,通过接包,LDCs 会获得技术外溢,但技术在企业间的扩散又会加剧代工市场的竞争。跨国公司可以用低价外包,而 LDCs 企业只能在这种竞争格局中被锁定在价值链底部(Pack et al, 2009)。Schmitz 进一步指出,LDCs 企业参与的是俘获型的 GVC,发达国家企业应凭借其市场势力阻止 LDCs 企业获得功能升级和链条升级所需的能力,以避免 LDCs 企业对其垄断利益构成威胁(Schmitz,2012)。

三、研究现状评述

从以上文献回顾可见,国内外已有的文献从各个角度对 GVC 进行了较为细致全面的研究,积累了丰富的研究成果。但同时,展开进一步研究的空间仍然存在。首先,尽管有部分国外文献关注了落后国家在 GVC 中的低端锁定和动态升级问题,但其研究结论差异很大。而且,大多数国外研究都是基于发达国家立场展开的,较少从落后国家转型升级的实际需求出发,去研究相应的方向、策略与路径。其次,国内的研究紧跟国外动态,并结合中国现实做出了很多具有针对性的成果。例如,有大量文献利用增加值贸易数据重新测算了我国的贸易利得、贸易差额、国际分工地位及其动态演变等。也有一些文献确认了技术创新和政策安排对我国 GVC 动态升级的核心作用,并探讨了制度创新和激励机制对我国技术创新的关键作用。但仍然缺乏一个逻辑一致的关于我国 GVC 动态升级的系统研究体系。考虑到全球价值链地位演进极大程度上由技术创新水平内生决定,而技术创新本身也是内生变量,其中制度体制所蕴含的奖惩结构使其为技术创新提供了最为重要的激励机制。

鉴于此,本书在现存研究成果的基础上,整合已有研究理路,试图沿着"制度发展—创新转型—全球价值链动态升级"的研究主线,构建一个立足中国现实、反映当代经济全球化图景的关于我国开放经济转型发展的研究框架。

第三节 研究框架

一、研究内容

基于以下两点内生决定关系,本书构建了"制度发展—创新转型—全球价值链动态升级"的研究主线。首先,一国或地区在 GVC 分工中的地位是由其要素禀赋结构内生决定的。因此,改善我国国际分工地位的根本方法在于促进我国高端要素的积累,其核心在于推进技术创新的步伐。其次,技术创新本身也是内生变量。创新主体都是约束条件下的最大利益追求者,创新活动也具有高度的风险性、不确定性和外部性。技术创新的开展需要企业家精神、研发投入、创造性破坏环境、金融支持等条件。因此,若缺乏良好的激励机制作为保障,技术创新是难以开展的。而制度体制都蕴含着一定的奖励与惩罚机制,从而设定了相应的成本收益结构,为经济活动(包括创新活动)提供了最重要的激励机制。所以,促进技术创新的关键在于通过恰当的制度安排提供合适的激励。具体来讲,本书第一部分考虑了预算软约束程度、金融结构形态、风险投资模式、不良贷款状况、科技园类型等经济、金融与科技体制所蕴含的差异化激励机制,并分析了它们对不同技术创新类型产生的异质影响。随后的第二部分则进一步研究了多层次技术创新对我国全球价值链升级的影响。围绕本书研究主线所做的具体研究内容如下:

1.理论研究方面

(1)基于软、硬预算约束体制蕴含的不同筛选机制,以及技术创新前沿程度在先验信息、未来风险上的差异,本书理论分析了预算软约束对技术创新的影响随创新前沿性演变而发生阈值转折的内在机制,揭示了随创新阶段演进而动态硬化预算软约束体制的重要性。只有打破低水平创新阶段的成功所带来的思维惯性和制度路径依赖性,才能使预算软约束不成为高水平创新发展的体制障碍。

(2)基于微宏观统一的债务、权益金融结构视角,本书考虑到技术模仿与前沿创新在风险-收益特征、资产类型、破产成本、抵押品可得性、现金流状况等方面的明显差异,理论研究了异质金融(资本)结构对技术模仿和前沿创新的非线性结构转折效应,探讨了金融结构如何动态演进以助推我国经济实现由技术模仿向前沿创新转型。

(3)本书阐释了科技园影响创新的内在理论机制,明确了能促进创新的科技园需具备的环境,而什么样的科技园对创新不利,从而在理论上明确了能够激励区域技术创新的科技园需满足的前提条件。

(4)从风险收益匹配性的视角探讨了风险投资影响产业创新转型的内在机理,并着重对比了市场运营和政府主导的风险投资模式对产业升级的异质激励机制。同时,也阐释了不良贷款阻碍产业升级的影响机制。

(5)拓展和丰富了传统要素禀赋理论的分析逻辑,借助代数与几何图形模型化研究了技术创新对产品内国际工序贸易这一新型国际分工形态的理论影响,对开展何种创新才能切实提升我国在全球价值链上的分工地位给出了鲜明观点。

2.实证研究方面

(1)采用面板数据阈值模型,实证研究了预算软约束对技术创新的阈值转折效应。

(2)运用面板分位数回归模型,检验了异质金融(资本)结构对技术模仿和前沿创新的非线性结构转折效应。

(3)利用合成控制法,以2009年建立的武汉东湖国家自主创新示范区为政策处理组,实证评估了国家自主创新示范区建立对湖北省多层次、多维度区域创新的效果。

(4)采用静态面板数据模型,研究了风险投资模式和不良贷款率对产业创新转型的影响,并量化识别了低端、中端和高端三个层次的技术创新对我国各地区全球价值链动态升级的不同影响。

(5)通过熵权法对多个指标体系进行加权,构建了预算软约束指数和产业创新转型指数,有效避免了单一指标度量所导致的误差和片面性。

二、研究方法

本书秉承理论、事实与方法三位一体的研究策略,通过理论研究、实证研究

和政策研究来加以贯彻。在研究过程中,具体用到的研究方法包括:

1. 理论研究

运用代数、几何以及文字等方式,研究了预算软约束体制、金融结构演进、风险投资模式、不良贷款状况、国家自主创新示范区建设等制度机制安排对我国多层次技术创新、创新商业化和经济结构创新转型的理论影响;同时,探讨了低端、中端和高端三个不同层次的技术创新对全球价值链升级的异质性理论影响。

2. 统计和计量经济分析

首先,在统计指标建立方面,利用各省历年的 PCT 国际专利和国内专利数据,构建了创新追赶指数和高、中、低端创新指标。利用历年各地区社会融资规模增量统计数据和 PEVC 数据,构建了反映各省风险投资发展程度、金融结构状况、金融深化程度的度量指标。利用进料加工贸易和来料加工装配贸易的进出口数据,构建了反映全球价值链升级程度的加工贸易增值率指标。通过熵权法对多个指标体系进行加权,构建了预算软约束指数和产业创新转型指数。在此基础上,借助静态面板数据模型、面板阈值模型、面板分位数回归模型以及合成控制法等计量分析方法,实证检验了理论分析得出的研究假说。

3. 政策研究

在认清我国经济现实、对比国际发展经验的基础上,结合理论与实证研究结果,提出针对性的政策建议,以供相关决策部门参考。

三、边际贡献

第一,本书通过对技术创新制度性激励因素以及技术创新的产品内贸易结构效应的研究,以技术创新为内生的中介变量,较为完整地构建了从制度机制到技术创新再到全球价值链动态升级的逻辑研究框架。

第二,通过理论和实证研究,明确了预算软约束体制、金融结构类型、风险投资模式、科技园状态等制度安排所蕴含的迥异激励机制,以及这些机制如何对不同类型的技术创新产生异质性影响的机理。同时,也明确了在我国技术创新转型的过程中,如何动态变革当下不适宜的体制机制,有助于思考当下体制的力量与局限,并认清未来的调整方向。

第三,区别于诸多研究将技术创新笼统对待的做法,本书的理论与经验研究将技术创新按照前沿性划分为了高、中、低等不同层次,使得对技术创新之贸易效应的研究有了更丰富、深入的细节,并厘清了低端、中端和高端三个不同层次的技术创新对我国全球价值链升级的异质影响。

第二章 预算软约束体制对异质技术创新的影响研究

第一节 引言

保罗·罗默曾说,在未来 100 年里将要取得真正成功的经济将会是那些设计出最好的制度,同时完成新思想的生产和广泛应用的经济。(Snowdon et al, 2005)。技术创新对商业成功、经济增长和结构转型的重要性得到了经济学家的广泛认同(Aghion et al,1992; Fagerberg et al, 2007; Guariglia et al, 2014)。由于技术创新内生地决定于一系列复杂因素的综合作用,那么随之而来就有一个比认识到创新重要性更为根本的问题,即怎样的社会经济体制才能促进创新活动繁荣开展?为回答这一问题,首先应该明确技术创新有不同的类型,而异质创新背后的驱动机制存在极大差异。

基于本章的研究逻辑,可以将技术创新分为两大类:一类是非前沿的创新,包括简单复制、创意模仿、优化改进型创新等,也就是 Thiel 所谓的从 1 到 N 型水平创新(Thiel et al, 2014)。这类创新距离世界技术前沿较远,先验信息较为丰富,未来风险较小。另一类是准前沿、前沿型创新,包括原始创新、技术突破等,Thiel 等称之为从 0 到 1 型垂直创新。这类创新不仅接近,甚至可能拓展世界技术前沿,其特点在于先验信息的匮乏甚至完全缺失,因此它们面临的是高风险或不确定的世界。从非前沿创新到前沿创新意味着从学习已知转换到探索未知，由知识消费者转变为知识生产者，这一过程中先验信息递减、未来风险递增，使得这两类创新背后的驱动机制有着很大差异。由非前沿创新向前沿创新的转型需要制度、人才、金融、开放、公共 R&D 投入等诸多创新驱动因素进行适应性变革。

鉴于制度体制因素对经济增长和技术创新的基础重要性（Barro，1998），本章将首先从理论层面聚焦研究软、硬预算约束体制蕴含的差异化筛选机制，探讨其如何决定了各自在非前沿创新与前沿创新上表现出迥异的绩效。预算软约束体制的本质特征是事先筛选、事后不筛选，预算硬约束体制的本质属性则是事先不筛选、事后筛选。非前沿创新和前沿创新在先验信息和未来不确定性上存在显著差异。在激励创新方面，预算硬约束体制的运行特征是事前不筛选项目，让大量项目分散试错，事后由市场优胜劣汰。而预算软约束体制则采取事前进行行政甄别以减少平行项目，事后很少淘汰的方式。这种激励和筛选机制差异使得预算软约束在低风险的非前沿创新上有一定优势。而对于高新技术创新而言，预算硬约束、企业家精神和市场自由竞争孕育的"百花齐放"要好于预算软约束、官僚选择和集中计划打造的"孤注一掷"。这些特性启发经济学家在理论上提出，预算软约束体制对技术创新的影响可能会随创新前沿性演变而产生结构转折（Qian et al, 1998；Huang et al, 1999）。

此外，在现实层面，中国的长期、多维度、大规模经济转型为激发本章研究主题提供了丰富的实践素材。一方面，中国作为一个由计划经济向市场经济转轨的大型经济体，其各级政府、国有企业、金融体系和市场运行等都表现出预算软约束的体制特性；另一方面，随着技术水平提高，中国也进入了创新转型的历史新阶段。据全球创新指数（Global Innovation Index）显示，中国已由 2007 年该指数首次发布时的全球第 29 名攀升至 2023 年的第 12 名。但中国现有这些创新成果主要是在融入经济全球化的过程中，通过学习、模仿、改进发达国家已有技术成果而获得的。虽然非前沿创新取得了跨越式的迅猛发展，而真正的前沿创新仍然有限，面临较为严重的技术"卡脖子"困境。因此，对现阶段的中国而言，驱动创新的确切含义其实是驱动准前沿、前沿创新，实现中国技术创新类型由非前沿创新支配向前沿创新主导的转型。"十四五"规划和 2035 远景目标纲要明确指出，我国要坚持创新驱动发展，全面塑造发展新优势。要坚持创新在我国现代化建设全局中的核心地位,实施对世界核心科技的前沿攻坚战略,加快建设科技自立自强的创新强国。总之,中国经济体制转轨和创新转型的已有实践产生了丰富的研究素材和统计数据,为本章研究主题的提出和理论假说的检验提供了事实基础。同时,本研究也将反过来启发对我国制度体制变革、创新型强国建设和高质量转型发展的思考。

预算软约束产生于相关组织面临严峻的财务困境,而外部预算软约束支持体不予资助的威胁不可置信,以致使预算软约束组织产生稳定的救助预期时。这一概念最初由科尔奈(Kornai)于1976年在一系列演讲中提出。预算软约束使得相关组织原本严格的财务收支关系被放松,从而对其行为产生深远影响(Kornai,1986;Dewatripont et al,1995)。自预算软约束这一概念提出以来,其成因、表现和后果均得到了大量研究,已成为经济学的一个基本概念。

关于预算软约束影响创新的研究主题也得到了持续探讨。Qian等最早从预算软约束视角出发,分析了官僚政治和市场制度对不同技术创新产生不同影响的内在机制(Qian et al,1998)。他们的研究表明,对先验知识多和初始投资大的创新项目,预算软约束体制下事后筛选机制缺失的危害较小,预算软约束的官僚政治事先筛选有利于这类创新。而对先验知识缺乏和初始投资小的创新项目,信息不完全使得官僚政治事先错选的概率极高,而预算软约束又使得失败项目事后难以终止,导致淘汰机制瘫痪,从而阻碍此类创新。此时,只有放弃预算软约束的官僚政治事前筛选而代之以预算硬约束的市场事后甄别才能激发创新活力。Qian等总结:各种经济体制、所有制形式、公司规模、风险投资主体和金融安排等差异化经济组织形式都蕴含着程度不同的预算软约束问题,决定了各自在风险不同的创新项目上的迥异绩效。随后,Huang等利用内生增长模型,研究了不同金融制度蕴含的差异化预算软约束程度如何通过决定创新效果而影响经济增长的理论机制(Huang et al,1999)。认为当研发项目的不确定程度高于一定阈值时,硬预算约束的金融制度能更好地促进创新,故其经济增长率要更高;反之,当一个经济体处于追赶阶段时,研发项目主要是不确定性较低的技术模仿,此时软预算约束的金融制度在这类项目上的投资会更高,从而表现出更高的增长率。沿此理论逻辑,Huang等进一步表明当研发项目的不确定性程度足够高时,其不确定性只有在项目实施后才会逐渐下降,因此事后筛选相比事前甄别的有效性更高(Huang et al,1998;Huang et al,2003)。而只有预算硬约束体制才能提供事后及时终止坏项目的可置信承诺,这也决定了预算硬约束的外源多主体联合融资相比预算软约束的内源一体化融资更为有效;反之,内源融资更有效。Kornai认为预算硬约束和企业家精神之间有着交互影响,这两者共同决定了市场经济快速创新的活力和创造性破坏效应;相反,计划经济下严重的预算软约束问题会导致真正的企业家精神丧失(Kornai,2014)。本理应破产的公司受到保护而免于退出市场,进而抑制了创造性破坏效应的作用。同时,由于激励不足以及决策受限于有限信息,政府主导的研发项目极易成为僵尸项目,导致创新不足和技术进步缓慢。Kornai还列举了1917年以来全世界自的111项革命性创新,发现这些创新几乎全部是在硬预算约束下的市场经济体制中诞生或商业化的,唯一的例外是苏联出于军事目的而发明的人造橡胶(Kornai,2014)。

与Kornai认为预算软约束会阻碍创新的著名论点相反(Kornai,2014),Jerneck指出,在市场竞争激烈且金融规制完善的资本主义体系下,预算软约束也能促进创新(Jerneck,2020)。Nohria等进一步指出,组织所拥有资源的宽松程度对创新具有倒U型影响:过多和过少的宽松性都不利于创新(Nohria et al,1996)。在任何组织环境中,中间水平的松弛都是创新的最佳选择。这一关系产生的机制是:宽松促进了更多的研发投资,但削弱了对创新项目的纪律约束,从而导致了倒U型关系。此外,由于股权结构和研发政策会对预算约束的软硬程度产生影响(Zhang et al,2003;Zhou et al,2017;Cheng et al,2019)。

关于所有权构成和公共创新补贴影响创新绩效的研究也与本章的主题高度相关。根据研究结论的差异,可将这些基于中国企业层面或省级层面数据的实证研究分为三类。首先,研究发现国家所有权和政府补贴对企业创新绩效有积极影响,因为政府和公共补贴能在提升创新能力、缓解金融和信息不对称方面发挥关键作用(Choi et al,2011;Fang et al,2018)。其次,一些研究表明,由于预算软约束、补贴资金配置扭曲等原因,国有部门的研发效率明显低于非国有部门(Zhang et al,2003),且创新补贴只能推动渐进式创新,无法激励突破性创新(Cheng et al,2019)。最后,大量研究认为,国有股权与创新绩效之间的关系是非线性和异质性的,取决于政府持股比例、政府层级、金融约束、市场竞争等(Zhou et al,2017;Teng et al,2017;Cao et al,2020)。对于不同的补贴对象和创新维度,公共补贴对创新的影响也会有所不同(Howell,2017;Boeing et al,2022)。

上述可见,已有理论研究的主要的观点是:预算软约束倾向的经济组织有利于远离前沿的低风险模仿创新,但会阻碍高风险的前沿创新。这表明了能硬化预算约束的组织形式对前沿创新的关键性,揭示了随创新阶段演进而进行制度变革的必要性。否则,前期成功经验导致的思维惯性和制度路径依赖对于更高水平的创新发展而言会是一个灾难。但一些理论研究也指出,软预算约束在促进创新方面有利有弊。已有的实证研究结论多样且相互矛盾,部分原因是这些实证研究的数据和方法各不相同。但更重要原因可能是,现有的实证研究很少将创新划分为不同的类型。因此,本章将以技术创新具有异质性为出发点,并全面考察预算软约束体制的优缺点,以构建预算软约束体制影响异质创新的理论机制和研究假说。随后,利用恰当的数据集和计量模型对理论假说展开实证检验,丰富和完善对这一问题的探究。

受现有研究启发,本章深入探讨了预算软约束对不同类型创新的异质影响,并对提出的假说进行了验证。本章研究发现,预算软约束体制有利于促进非前沿创新,而会阻碍准前沿、前沿创新,且预算软约束对准前沿、前沿创新的阻碍作用要远大于其对非前沿创新的促进效应,而预算硬约束体制对于推动前沿创新至关重要。为适应创新阶段的转变,必须动态调整预算软约束体制,以防非前沿创新阶段的体制优势演变为准前沿、前沿创新阶段的制度劣势。

本研究的边际创新在于:第一,理论研究方面,基于技术创新异质发展阶段的划分,深入剖析了预算软约束对技术创新影响随创新前沿程度变化而产生的阈值转折效应机制;第二,实证研究方面,通过指数构建,量化测度了2002-2015年我国各省预算软约束程度和技术前沿程度的演变状况,并运用面板阈值模型实证检验了理论假说;第三,通过理论和计量分析,揭示了预算软约束体制对非前沿和前沿创新的不对称影响。这一研究一方面对我国通过体制机制优化来推进创新驱动发展战略具有理论和现实价值,另一方面也对我们思考经济世界里各种经济组织形式的差异化创新绩效具有启发意义。

本章接下来的安排如下:第二节为理论分析预算软约束影响异质创新的内在机制;第三节介绍实证研究设计;第四节进行经验评估;第五节为结论与讨论;第六节进行本章小结。

第二节 预算软约束影响异质创新的理论机制

虽然市场经济体制中也存在预算软约束的现象,但不会成为系统的体制性弊病。但在计划经济体制中,各级政府出于政治庇护、政绩追求、维持稳定、防止危机多米诺效应、沉没成本考量等多种原因,有强烈动机对理应破产的项目提供财政补贴、低息贷款、债务豁免、税收削减、价格管制等多种形式的救助,这放松了经济组织的财务纪律,进而改变其预期和行为,使得预算软约束成为一个突出的体制性问题(Kornai et al,2003;Kornai,2014)。中国作为一个由计划经济向市场经济转轨的大型经济体,仍然存在许多导致预算软约束的体制性因素(Qian et al,1996;Lin et al,1999;施华强等,2003)。失败的项目不是被终止,而是大概率获得再融资,这导致事后市场筛选机制的缺失,势必对技术创新活动产生深远影响。下文将首先阐述预算软约束阻碍技术创新的三种机制。然后,结合预算软约束在驱动创新中的两大优势,分析软预算约束在驱动异质创新中的优势和劣势是如何变化的。最后,提出预算软约束对非前沿创新和前沿创新会产生不同影响的假说。

一、预算软约束体制在推动创新方面的弱点

1.创造性破坏效应失灵

创造性破坏效应的发挥,需要革新进入与停滞退出相伴同行。当失败企业退出受阻时,新企业的进入也就难以发生,优胜劣汰的熊彼特动态过程也就无法运转。一方面,大量僵尸企业占据已有市场,这会挤压新技术、新产品的市场空间,增加潜在创新企业的市场进入壁垒;另一方面,这些僵尸企业的存续必定会耗费大量经济社会资源,导致资源低效错配,使得新生创新力量难以得到应有的经济支持。只有预算硬约束体制才能避免阻碍公司的自然消亡,从而使得创造性破坏效应得以正常发挥。然而,在预算软约束体制下,动态时间不一致性决定了其事后淘汰机制是缺失的,因此,那些不创新或创新失败,理应萎缩或退出市场的企业,由于获得外界资金支持,仍能继续运营甚至扩张,它们会阻塞市场空

间、挤占各种资源,阻碍那些锐意进取的创新型企业的成长。因此,预算软约束体制阻断了创造性破坏的市场进化机制,使市场自然选择的事后甄选机制失效。在这种体制下经营的在位企业,不仅自身创新动力不足,还会阻碍其他潜在企业的创新活力,从而对技术创新产生不利影响(Schumpeter,1942;Kornai,2014)。

2.企业家才能配置扭曲

企业家才能是人力资本的重要组成部分,是调动整合各种资源进行创造性破坏的关键推手,对企业开展技术创新至关重要,企业家才能的配置状况能够映射出社会创新创业的活力和成效。但值得注意的是,技术创新只是企业家实现利润最大化的多种手段之一,只有在良好的制度激励下,企业家才会选择这种普惠社会的生产性方式,而不是其他的非生产性甚至破坏性行为。在预算硬约束体制下,企业家为利润最大化或规避破产,会采取以下策略:在既定成本和技术条件下优化生产(优化要素配置结构)和提高单位投入的最优产出(进行技术创新)。但在预算软约束环境中,政府援助使得破产的风险大大降低,这可能导致企业家冒道德风险,削弱其创新创业的动力。此外,企业家会发现,除了优化要素配置结构和进行技术创新外,现在多了一个生存之道——寻求预算软约束支持体的援助。鉴于救助方和受助方之间存在权力与从属的不对等关系,且外部救助并非自动提供,而是充满不确定性,因此企业为获得救助机会,常常需要耗费大量资源、时间和精力去游说、贿赂政府和银行等预算软约束支持体,以提升被救助的可能性(Scott,1990)。因此,预算软约束实际上是一种会导致激励机制扭曲的体制性障碍,会使得企业家才能从生产性活动转向非生产性寻租活动,进而阻碍企业的技术创新和经济整体效率提升(Baumol,1990;Kornai,2014)。

3.商业运营生态失衡

将经济作为一个整体来看,任何一方的收益必定源自另一方的支出,故整个经济的预算约束一定是守恒的。预算软约束支持体本身通常是非生产性的,预算软约束组织所得援助资源必定来自经济中其他组织的额外贡献。如政府预算软约束导致的财政支出扩张,最终都要依靠增税、债券发行、土地财政、货币扩张等来弥补,这些举措都会扰乱市场原有的预算约束体系,改变企业面临的成本收益结构,进而破坏整个经济体原本正常的商业运营生态,造成营商生态失衡。这意味着,经济中一方预算约束的软化必定意味着另一方预算约束的硬化。其结果是,一方面,正如上一点所分析的,预算约束软化的组织有了通过非生产性寻租来生存的渠道，从而丧失通过优化资源配置和技术创新来寻求发展机遇的积极性；另一方面，预算约束过度硬化的组织因承担过重的财务负担，导致其从事技术创新的能力不足，也会因自身创新收益会被部分征收的现实，导致其从事技术创新的动力也会不足。所以，预算软约束所引发的商业运营生态失衡，对技术创新构成了不利影响。

综上所述，预算软约束体制削弱了事后实施严格财务纪律的承诺的可信度，进而引发了上述三大问题。当然，为了缓解这些问题的严重性，政府一般会通过事前行政审核和筛选的方式去掉一些平行竞争项目，以作为事后市场筛选机制缺失的次优替代。但是，对于非前沿创新与前沿创新而言，预算软约束所带来的三大阻碍效应的严重性会发生明显转变，使得对不同类型创新产生截然相反的最终成效。

二、预算软约束体制在推动创新方面的优点

虽然上面指出了预算软约束在推动创新方面的三个弱点，但它在促进技术创新方面也有两个明显的优势。

第一，预算软约束可以集中多方资源，为创新创业营造宽松的支持环境。一方面，预算软约束通过再融资过程，能够放松"金钱束缚"，鼓励对长期性和高风险研发项目的投资（Nohria et al，1996；Teng et al，2017；Jerneck，2020）。另一方面，预算软约束有利于帮助企业扩张至最优生产规模，以充分利用规模经济，从而提高技术创新的利润率，强化开展技术创新的市场激励。

第二，预算软约束可以通过行政预筛选来降低创新试错成本。对于那些先验信息丰富、风险较低的创新项目，政府可以凭借强大的信息搜集与分析能力，从中事先挑选出发展前景好和溢出效应大的创新项目子集，从而缩短企业进行分散摸索的过程，并大幅度降低创新试错成本。因此，在推进这类创新上，伴随预算软约束的行政事前筛选机制是行之有效的（Qian et al，1998）。

三、预算软约束对异质性创新的不同影响

对于不同类型的技术创新，预算软约束的利弊会有所变化，从而对不同类型的创新产生差异化影响。下面将对此进行详细阐释。

对那些远离技术前沿的简单复制和技术模仿而言,因为拥有先行者提供的丰富先验信息借鉴,技术和市场未来都较为明朗,创新风险很低。作为后来者的政府能够以较高的概率事先挑选出有前景的研发项目,从而能够以较高概率确保事后大多数项目成功。再加上具备较完善的信息可用于监督和激励,故伴随预算软约束而来的事后淘汰机制缺失的危害性也就不会凸显。此时,创造性破坏效应失灵、企业家才能配置扭曲和商业运营生态失衡这三大创新阻碍机制也都不会太严重。而且,预算软约束体制还可从两方面发挥制度优势:降低试错成本以及能集中有限资源为创新提供充足支持。从而有利于打造创新项目"高出生、低死亡"的生态特征,实现快速技术追赶。

但是,对于那些前沿的突破性创新而言,先验信息匮乏是其固有特征。此时,没有先行者与后来者之分,所有人都是先行者。创新的未来面临高度的技术及市场不确定性,因此依靠行政程序事先挑选出有前景项目的可能性极低。这导致事后有很高比例的项目会失败,而预算软约束体制又缺乏一个事后优胜劣汰的进化出清机制。再加上信息不完全和不对称导致的监督和激励困难,其结果是首先会产生一个创新"高出生、低死亡"的短期过渡阶段。待前述伴随预算软约束的三大创新阻碍机制全面爆发后,就会出现僵尸项目阻塞市场、企业家无心创新、营商活力丧失、政府财政困难的局面。最终,创新将长期陷入"低出生,低死亡"的腐朽状态。所以,对于准前沿或前沿创新而言,其高风险、高收益的金融特性决定了必须确保其有一个"高出生、高死亡"的生态环境,才能为创新提供一个充满活力的顺畅通道。而预算软约束导致的事前择优失败和事后淘汰机制缺失则严重阻塞了这一通道。因此,必须放弃预算软约束的事先"孤注一掷",取而代之的是以预算硬约束的市场事后优胜劣汰,同时为拥有异质信息的多元创新主体酿造一个"百花齐放"的事前分散试错环境,才能产生适合高风险创新项目的"高出生、高死亡"的活力局面(Qian et al,1998)。

综上所述,在先验信息丰富、未来风险较小的非前沿创新阶段,预算软约束体制(用行政事前筛选代替市场事后筛选)不仅不会造成创造性破坏效应失灵、企业家才能配置扭曲和商业运营生态失衡,反而能发挥试错成本降低和充足资源支持的优势,从而有利于促进技术创新。但在先验信息缺失、未来不确定性高的准前沿、前沿创新阶段,预算软约束体制不仅丧失了试错成本,降低资源保障的优势,更会导致创造性破坏效应失灵、企业家才能配置扭曲和商业运营生态失衡,从而阻碍技术创新。因此,前沿创新必须依赖预算硬约束体制(市场事后筛选,放弃行政事前筛选)。

为简明起见,可将本章提出的理论假说总结如下,以便进一步实证检验:在非前沿创新阶段,预算软约束体制的优势比劣势更突出,预算软约束体制有利于促进技术创新。然而,在前沿创新阶段,预算软约束体制的劣势比优势更明显,使得预算软约束体制会反过来阻碍技术创新。

第三节 实证研究设计

我国作为面临多维度转轨的大型经济体,其体制特性呈现出较大的预算软约束倾向。同时也为推动技术创新转型进行了不懈探索,这可以为研究预算软约束对创新的非线性影响提供丰富的经济实践材料。此外,我国各省在预算软约束程度、创新水平等经济发展表现上存在很大差异,加之各省发展迅速,这使得本章相关变量的数据指标具有较大的变异性。这些因素都为本章理论假说的实证检验创造了良好条件。因此,本章将利用来自中国的省级面板数据,对理论假说进行规范的实证分析和稳健性检验。下面介绍实证研究设计的具体细节。

一、面板阈值模型

对面板数据,不仅可能有异质性截距,还可能出现感兴趣变量的斜率系数随其他变量变化而发生结构转折的情况,即存在阈值效应(threshold effect)。这正是本章理论假说所呈现的情形:预算软约束对技术创新的影响会随着创新阶段的演变而发生非线性结构转折。故本章的理论假说可以恰当地借助面板阈值模型加以实证检验,为避免主观设定阈值所带来的不合理性(如在本章中人为划定非前沿创新和前沿创新的界限),采用 Hansen 提出的固定效应面板阈值模型进行估计(Hansen,1999):

$$\begin{cases} TEC_{it} = u_i + \alpha_1 \cdot SBC_{it} + X'_{it}\delta + \varepsilon_{it}, & 若\ ICI_{it} \leq \gamma \\ TEC_{it} = u_i + \beta_1 \cdot SBC_{it} + X'_{it}\delta + \varepsilon_{it}, & 若\ ICI_{it} < \gamma \end{cases}$$

其中,i 表示省份,t 表示时间,u_i 为个体固定效应;TEC 为因变量技术创新,

SBC 为感兴趣变量预算软约束,ICI 为阈值变量技术前沿程度(用创新追赶指数测度),数值越大表示越接近世界技术前沿;ε_{it} 为独立同分布的扰动项,要求与解释变量不相关;γ 为待估阈值水平,值 γ 按阈值变量 ICI 将经济划分为两个区制(regimes),不同区制下 SBC 对 TEC 的影响可能不同,理论假说预期 $\alpha_1>0$,$\beta_1<0$;X'_{it} 为系数不随区制而变的解释变量矩阵。使用示性函数 1(·)[1],可将模型(1)的分段函数更简洁地写为:

$$TEC_{it}=u_i+\alpha_1 SBC_{it}\cdot 1(ICI_{it}\leq\gamma)+\beta_1 SBC_{it}\cdot 1(ICI_{it}>\gamma)+X'_{it}\delta+\varepsilon_{it}$$

这是一个关于参数的非线性回归,可用非线性最小二乘法(NLS)加以估计。须先对这一模型做组内离差变换以消除个体固定效应,再使用两步法进行估计:第一步,给定 γ 的取值,用条件 OLS 对离差变换后的方程进行一致估计,得到相应的估计系数 $\hat{\alpha}_1(\gamma)$、$\hat{\beta}_1(\gamma)$、$\hat{\delta}(\gamma)$ 和残差平方和 $SSR(\gamma)$,它们都是 γ 的函数;第二步,对 $\gamma\in\{ICI_{it}:1\leq i\leq N,1\leq t\leq T\}$,选择 $\hat{\gamma}$ 使残差平方和 $SSR(\hat{\gamma})$ 达到最小,即 $\hat{\gamma}=\arg_\gamma\min SSR(\gamma)$[2],此时对应的估计系数 $\hat{\alpha}_1(\hat{\gamma})$、$\hat{\beta}_1(\hat{\gamma})$ 和 $\hat{\delta}(\hat{\gamma})$ 即为想要的结果。若不希望每个区制下的样本观测值过少,可限定 γ 的取值范围。

阈值模型涉及如下统计推断问题。首先,检验是否存在阈值效应。$H_0:\alpha_1=\beta_1$,即无阈值效应。若 H_0 为真,模型(2)退化为标准的面板固定效应模型,可用组内估计量进行估计,记 H_0 约束下所得残差平方和为 SSR^R,以区别于无约束的 $SSR(\hat{\gamma})$。显然,$SSR^R\geq SSR(\hat{\gamma})$。若这一差值越大,则表明约束越不合理,越应该拒绝 H_0。Hansen 提出使用以下似然比(LR)统计量进行假设检验:$LR=[SSR^R-SSR(\hat{\gamma})]/\hat{\sigma}^2$。$\hat{\sigma}^2=SSR(\hat{\gamma})/n(T-1)$ 为对 ε_{it} 方差的一致估计(Hansen,1999)。H_0 下,参数 γ 不可识别,LR 的渐进分布并非标准的卡方分布,但可以用 Bootstrap 来模拟 LR 的渐进分布并得到其临界值以判别阈值效应的统计显著性。此外,若存在一个阈值,可进一步估计双阈值模型,以检验是否还有额外的阈值,依此类推。其次,在拒绝无阈值效应的原假设后,进一步确定阈值 γ 的置信区间。定义 $LR(\gamma)=[SSR(\gamma)-SSR(\hat{\gamma})]/\hat{\sigma}^2$。在 $H_0:\gamma=\gamma_0$ 下,$LR(\gamma)$ 的渐进分布

---

[1] 即如果括号内的表达式为真,则取 1,否则取 0。

[2] 超越 ICI_{it} 取值范围的 γ 值是没有意义的,对残差平方和 $SSR(\hat{\gamma})$ 没有影响,故 $\gamma\in\{ICI_{it}:1\leq i\leq n,1\leq t\leq T\}$,又由于只会搜索 ICI 的相异取值以及取值范围的限定,最多只需搜索 nT 个有限值。

仍是非标准的,但其累积分布函数为 $F(x)=P\{LR(\gamma)\leq x\}=(1-e^{-x/2})^2$,可据此直接算出 $LR(\gamma)$ 各显著性水平下的临界值,并进而推算出 γ 的置信区间[1]。

二、变量测度与数据来源

1. 预算软约束的统计测度

(1)熵权法。预算软约束程度的量化是一大难题,本章力求客观合理,避免单一指标的片面性,采用熵权法对多维统计指标进行加权,以得到综合的预算软约束指数。熵权法是一种根据数据所含有效信息量进行客观赋权的方法,可避免人为主观设权带来的评价偏差(Su et al, 2012)。在特定年份,假设有 m 个评价对象($i=1,2,\cdots,m$),每个对象有 n 个评价指标($j=1,2,\cdots,n$),记评价对象 i 在指标 j 上的原始数据取值为 X_{ij},则形成一个 m×n 的原始数据矩阵。熵权法涉及如下计算步骤:

①对原始数据进行量纲标准化。

$$V_{ij}=\begin{cases}[X_{ij}-\min(X_j)]/[\max(X_j)-\min(X_j)],\text{正向指标}\\[\max(X_j)-X_{ij}]/[\max(X_j)-\min(X_j)],\text{负向指标}\\1,\text{若}\max(X_j)=\min(X_j)\end{cases}$$

$\max(X_j)=\max(X_{1j},X_{2j},\ldots,X_{mj})$,$\min(X_j)=\min(X_{1j},X_{2j},\ldots,X_{mj})$,$0\leq V_{ij}\leq 1$。

②计算评价对象 i 在指标 j 上的特征比重:$P_{ij}=V_{ij}/\sum_{i=1}^{m}V_{ij}$,$0\leq P_{ij}\leq 1$。

③计算第 j 项指标的熵值:$e_j=(-1/\ln m)\sum_{i=1}^{m}P_{ij}\cdot\ln P_{ij}$,$0\leq e_j\leq 1$[2]。

④确定各指标的熵权:$W_j=(1-e_j)/\sum_{j=1}^{n}(1-e_j)$,$0\leq W_j\leq 1$,$\sum_{j=1}^{n}W_j=1$。

⑤计算各个评价对象的综合指标值:$P_i=\sum_{j=1}^{n}W_j\cdot P_{ij}$。

(2)统计指标选取。通过广泛检索和深入研读有关预算软约束的理论与实

---

[1] 例如,10%、5%和1%的临界值分别是6.53、7.35和10.59。

[2] 根据洛必达法则,若 P_{ij} 则 $P_{ij}\cdot\ln P_{ij}=0$。($1-ej$)为第 j 项指标的差异系数,越大表明该指标的信息量越大。而 ej 的大小与 V_{ij} 的变异幅度成反比:当 $\max(X_j)=\min(X_j)$ 时,即各对象在指标 j 上的取值全相等时,$e_j^{\min}$;当只有1个 $V_{ij}=1$,其余 m-1个 V_{ij} 都等于0时(注意对正向指标和负向指标的不同含义),γ。故各评价对象在指标 j 上的变异越大,表明该指标信息量越丰富,将对该指标赋予越大权重;反之则反是。

证研究文献,尽可能全面、准确地把握了预算软约束的内涵、外延与量化方法。在充分考虑数据可得性的基础上,从政府突破财政限制的程度、非税收入与预算外收入状况、财政约束松弛性、影响财务纪律的制度体制等角度选取了十项统计指标作为测度我国各省预算软约束指数的原始数据。为清晰简明起见,将这些统计指标的测度方法、指标方向、文献依据与数据来源等信息集中列示在表2-1中。

表2-1 预算软约束程度的统计指标体系

指标名称	测度方法	指标方向	文献依据	数据来源
财政赤字	财政赤字/GDP	+	姚震宇,2014;Anet al,2019	中国财政年鉴
土地财政依赖度	土地出让金/财政收入	+	唐鹏等,2014;杨志安等,2019	中国国土资源统计年鉴
财政收入预决算偏离度	(决算数-预算数)/预算数	+	余锦亮等,2018	中国财政年鉴
非税收入份额	非税收入/财政收入	+	王志刚等,2009	国研网 中经网
市场化进程	国企固定资产投资/全社会固定资产投资	+	Kornai,2014b;王小鲁等,2019	Wind 资讯
	国有单位就业人数/就业总人数	+		中国劳动统计年鉴 各省统计年鉴
	国有及其控股工业企业主营业务收入/规模以上工业企业主营业务收入	+		中经网
	公共管理与社会组织城镇就业人员/总人口	+		中国统计年鉴
财政资金违规使用程度	审计决定应处理处罚资金额/财政支出	+	郭月梅等,2017	中国审计年鉴

(续表)

指标名称	测度方法	指标方向	文献依据	数据来源
中央净财力转移比重	中央净补助/地方财政收入	+	苑德宇,2014;汪冲,2015;杜彤伟等,2020	中国财政年鉴

注:"+"表示该指标数值越大,则预算软约束程度越高。

财政赤字=地方本级一般公共预算支出决算数(财政支出)-地方本级一般公共预算收入决算数(财政收入);2000—2006年的非税收入为各地区一般公共预算内非税收入项目决算数加总,但未包括国有企业计划亏损补贴,2007—2015年数据直接来自已有统计结果;审计决定处理处罚资金=应上缴财政+应核减财政拨款或补贴+应归还原渠道资金+应调账处理金额;2001年和2002年的"公共管理与社会组织城镇就业人员数"为"国家机关、党政机关和社会团体"职工数;中央净补助=中央补助地方收入-地方上解中央支出。

2.技术创新水平和技术前沿程度的测度

为客观全面地反映我国各省的创新能力,避免采用国内发明专利等单一指标所导致的不合理性和片面性,拟采用《中国区域创新能力评价报告2004—2017》中的创新能力综合指数来度量各省历年的技术创新水平。需注意的是,当年报告反映的是两年前的真实创新情况。该报告由中国科技发展战略研究小组和中国科学院大学中国创新创业管理研究中心联合发布,从知识创造、知识获取、企业创新、创新环境与管理、创新绩效等方面选取了约140项指标加权计算创新能力指数,具有很好的权威性、综合性和连续性。

同时,为反映我国各省历年技术创新水平距离世界技术前沿的演变情况,以专利合作条约(Patent Cooperation Treaty,PCT)下的国际专利申请数据为基础[1],借鉴Woo测度经济追赶指数的思路,构建了中国各省的创新追赶指数

---

[1] PCT于1970年缔结,截至2023年,已有157个缔约国,是继《保护工业产权巴黎公约》之后国际专利保护领域的最重要进展。PCT方便申请人寻求对其发明的国际性专利保护,帮助专利局作出专利授予决定,便利公众查阅这些发明中涉及的丰富技术信息。通过该条约,申请人只需提交一份国际专利申请,即可同时在全世界大多数国家寻求对其发明的专利保护。与国内专利相比,PCT申请更具国际性、规范性和潜在商业价值,故更能反映技术创新在世界上的前沿程度(WIPO,2017;Cheng et al,2019)。创新强国(如美、日、德等)以及高科技企业(如中国的华为、京东方等)都在PCT申请上有杰出表现。

ICI(Woo,2012),其计算方法为:

$$ICI_{it} = \frac{(PCT_{it}/POP_{it})_{PRC}}{(PCT_t/POP_t)_{USA}}$$

i 代表我国的省份,t 表示年份,POP 代表人口数。故我国 i 省第 t 年的 ICI_{it} 等于其人均 PCT 专利数除以美国当年的人均 PCT 专利数。ICI 越大表明该省技术创新水平越高,与世界技术前沿越接近。

此外,为了进一步进行稳健性检验,本章使用人均国内实用新型和外观设计专利来衡量中国非前沿创新的发展,并使用人均国内发明专利和 PCT 专利来反映中国开拓性创新的发展,因为发明专利和 PCT 专利比实用新型和外观设计专利更具前沿性(WIPO,2017;Cheng et al,2019)。

3.其他变量的测度

根据创新经济学理论及相关研究文献(Swann,2014;Moser,2013;Meierrieks,2014;Draghici et al,2014;Baesu et al,2015;Erdal et al,2015;Jin et al,2019;Maskus et al,2019;张宽等,2019;沈国兵等,2020),并考虑数据可得性,选取了一系列变量作为控制变量纳入回归模型,尽可能地使得扰动项条件均值独立于感兴趣变量的假设得以满足,避免遗漏变量导致的内生性偏差,从而得到感兴趣变量回归系数的一致估计。简洁起见,通过表2-2集中反映了包括这些控制变量在内的所有变量的测度指标与数据来源。

表2-2 变量测度与数据来源

变量类型	变量名称	字母代码	测度指标	数据来源
因变量	技术创新指数	TEC	创新能力综合指数	中国区域创新能力评价报告
	非前沿创新	NPI	人均实用新型和外观设计专利	国家知识产权局专利统计年报 中国科技统计年鉴
	前沿创新	PIO	人均发明专利	
		PIT	PIO+人均PCT专利	
感兴趣变量	预算软约束	SBC	熵权法指数构建	见表2-1
阈值变量	技术前沿程度	ICI	创新追赶指数	WIPO 中国国家知识产权局专利统计年报

(续表)

变量类型	变量名称	字母代码	测度指标	数据来源
控制变量	金融发展	FIN	(地区社会融资规模增量+风险投资)/GDP	Wind 资讯 中国人民银行
	外商直接投资	FDI	实际利用 FDI/GDP	各省统计年鉴和统计公报
	互联网普及	NET	上网人数/常住人口数	国研网
	知识产权保护	IPP	专利侵权程度	国家知识产权局专利统计年报 中国知识产权年鉴
	研发经费投入强度	RDI	R&D 经费内部支出/GDP	中国科技统计年鉴
	R&D 人力资本	HCA	R&D 人员全时当量/总人口	中国科技统计年鉴
	高技术产品贸易	HTT	高技术产品贸易额/GDP	中国科学技术部
	企业家精神	ENT	私有单位就业人员比重	中经网及各省年鉴
	公共文化环境	PCE	每人拥有公共藏书量	中国文化文物统计年鉴

其中,WIPO 是世界知识产权组织的英文缩写;R&D 人力资本的分母为万人,表示每年每万人拥有的全时 R&D 人员;专利侵权程度=(侵权纠纷累计立案数+其他纠纷累计立案数)/专利授权总累计;私有单位就业人员比重=私营企业和个体劳动者就业人员数/全部就业人员。表 2-2 将控制变量分成了基础设定和备选设定两部分,旨在进行基础回归和稳健性检验。

三、变量描述性统计与共线性检验

表 2-3 报告了本章涉及所有变量的面板总体(overall)基本统计信息。考虑到本章选取的自变量较多,有可能存在多重共线性问题。所以,表 2-3 最后一列以 TEC 为因变量,报告了各个自变量的方差膨胀因子(VIF),以考察共线性问题。首先,变量间在数量级上差别较为悬殊,直接回归可能导致计算机运算误差和不便于回归系数理解。为此,在回归前对相关变量按比例进行了数量级缩放;其次,从共线性检验结果来看,VIF 的最大值为 13.1,大于 10,平均 VIF 为 4.02,

故依据经验法则变量间存在较为严重的多重共线性问题。

表 2-3 变量描述性统计及共线性检验

变量	样本量	中位数	均值	标准差	最小值	最大值	偏度	峰度	VIF
TEC	434	26.060 0	28.899 7	10.677 2	12.450 0	58.860 0	1.199 6	3.499 9	—
SBC	434	0.027 3	0.032 3	0.023 5	0.007 0	0.162 6	3.545 7	17.671 7	1.540 0
ICI	434	0.004 4	0.042 0	0.183 7	0.000 0	3.158 8	12.235 0	195.054 5	1.610 0
IPP	434	0.008 4	0.011 2	0.009 3	0.001 0	0.054 6	2.152 4	8.529 8	1.530 0
RDI	434	0.009 9	0.012 6	0.010 3	0.001 0	0.060 1	2.488 7	10.635 5	10.930 0
ENT	434	0.183 1	0.216 6	0.127 1	0.039 3	0.802 4	1.710 6	6.425 1	4.430 0
PCE	434	0.387 7	0.521 1	0.516 8	0.128 9	3.395 9	4.046 6	20.519 2	2.490 0
FDI	434	0.018 6	0.025 9	0.021 9	0.000 7	0.146 5	1.410 2	5.378 4	1.610 0
FIN	434	0.185 8	0.218 7	0.142 4	0.025 1	1.433 0	3.073 1	18.891 8	1.780 0
NET	434	0.250 7	0.264 6	0.189 5	0.012 3	0.758 8	0.489 7	2.237 9	2.820 0
HCA	434	10.458 6	17.872 5	21.342 8	1.056 0	114.514 4	2.719 4	10.767 0	13.100 0
HTT	434	0.014 9	0.080 8	0.148 4	0.000 0	0.731 5	2.440 0	8.228 6	2.350 0
NPI	434	1.896 5	4.960 1	7.637 2	0.410 1	45.778 5	2.920 7	12.664 1	—
PIO	434	0.727 4	2.540 7	4.793 8	0.014 7	40.972 1	3.974 2	23.492 2	—
PIT	434	0.755 1	2.615 6	4.908 6	0.015 2	41.793 4	3.939 2	23.127 3	—

第四节 计量回归结果

一、基础回归结果

回归样本选取了中国除港澳台以外的 31 个省,时间跨度为 2002—2015 年,原因在于无法获得各省 2002 年以前及 2015 年之后本章研究所需的部分数据。根据前文的理论分析和实证研究设计,借助 Wang 的 Stata 回归命令进行了计量分析(Wang,2015),结果列示在表 2-4 模型(1)~(6)中。以示对比,首先在模型(1)~(3)中分别初步进行了混合最小二乘法(POLS)、面板随机效应(RE)和固定效应(FE)回归,均纳入了表 2-2 中基础设定所含控制变量。随后,在模型

(4)~(6)中进行了面板阈值回归。其中,(4)为不包括任何控制变量的单阈值回归,(5)为纳入了表2-2中基础设定所含控制变量的单阈值回归,(6)为纳入了表2-2中基础设定所含控制变量的双阈值回归。

表2-4 基础回归结果

因变量:TEC	(1) POLS	(2) RE	(3) FE	(4) PTM1	(5) PTM2	(6) PTM3
SBC-0	—	—	—	0.449 1* (0.264 8)	0.545 4** (0.267 7)	0.595 5** (0.267 0)
SBC-1	—	—	—	−1.345 4** (0.540 5)	−1.207 0** (0.562 0)	1.441 4*** (0.464 1)
SBC-2	—	—	—	—	—	−0.199 4 (0.703 6)
阈值水平	—	—	—	0.114 1	0.114 1	T1:0.114 1 T21:0.114 1 T22:0.034 6
阈值95%置信区间	—	—	—	[0.104 8, 0.116 3]	[0.104 8, 0.116 3]	T1:[0.104 8,0.116 3] T21:[0.105 3,0.116 3] T22:[0.033 2,0.036 2]
阈值效应检验 单阈值	—	—	—	24.16*	22.18**	22.18**
阈值效应检验 双阈值	—	—	—	—	—	5.13
FDI	1.432 8*** (0.193 2)	0.118 5 (0.206 8)	−0.068 0 (0.228 8)	—	−0.089 3 (0.113 4)	−0.024 3 (0.116 1)
IPP	−0.269 4 (0.280 2)	−1.252 4** (0.538 7)	−1.156 2** (0.500 0)	—	−1.041 1*** (0.318 5)	−1.084 5*** (0.317 2)
NET	−0.016 8 (0.022 2)	−0.077 3*** (0.026 2)	−0.059 9** (0.028 1)	—	−0.059 8*** (0.012 7)	−0.062 1*** (0.012 7)
RDI	5.746 0*** (0.480 9)	2.363 6* (1.250 3)	0.876 9 (1.513 6)	—	1.250 9** (0.586 5)	0.967 4 (0.595 4)
FIN	−0.306 9 (0.291 8)	0.244 7 (0.172 5)	0.132 8 (0.180 7)	—	0.194 6 (0.133 1)	0.222 0* (0.132 8)
ICI	3.958 2 (4.585 6)	0.151 4 (0.558 3)	0.219 7 (0.538 5)	—	0.779 1 (0.788 4)	0.953 1 (0.787 4)
SBC	−0.860 1*** (0.169 5)	0.003 9 (0.486 6)	0.624 6 (0.500 9)	—	—	—

（续表）

因变量:TEC	(1) POLS	(2) RE	(3) FE	(4) PTM1	(5) PTM2	(6) PTM3
C	22.022 8***	28.512 4***	28.531 6***	27.671 5***	28.297 9***	28.135 1***
	(0.896 7)	(2.783 5)	(2.286 3)	(0.868 3)	(1.246 6)	(1.241 4)
个体固定效应	否	否	是	是	是	是
时间固定效应	否	否	否	否	否	否
样本量	434	434	434	434	434	434
组内 R^2	0.652 6	0.045 5	0.073 3	0.048 9	0.104 4	0.116 8
F/Wald	97.879 8	31.58	0.938 3	10.297 9	5.753 3	5.790 1
P 值	0.000 0	0.000 0	0.492 2	0.000 0	0.000 0	0.000 0

注:①模型(1)括号内为异方差稳健标准误,模型(2)和(3)括号内为省份聚类稳健标准误,其他为普通标准误;$^{*}p<0.1$,$^{**}p<0.05$,$^{***}p<0.01$,下同;②阈值回归(4)~(6)中,修剪比例(trimming proportion)、自助法(bootstrap)次数和搜索格点数(grid points)分别为 0.03、300 和 300,阈值变量为 ICI,阈值依赖变量为 SBC;(4)和(5)为单阈值回归,阈值水平都为0.114 1;(6)为双阈值回归,对应单阈值 T1 和双阈值的第一个 T21 都为 0.114 1,双阈值的第二个 T22 为 0.034 6;③阈值效应检验中,"单阈值"检验的 H_0 是:无阈值效应,H_A 为:有一个阈值;"双阈值"检验的 H_0 是:有一个阈值,H_A 为:有两个阈值;报告的是 F 统计量及其显著性;下同;④在模型(4)和(5)中,SBC-0 表示当 ICI<0.114 1 时,SBC 对 TEC 的效应,SBC-1 表示当 $ICI\geq 0.114\ 1$ 时,SBC 对 TEC 的效应;在模型(6)中,SBC-0 表示当 ICI<0.034 6 时,SBC 对 TEC 的效应,SBC-1 表示当 $0.034\ 6\leq ICI<0.114\ 1$ 时,SBC 对 TEC 的效应,SBC-2 表示当 $0.114\ 1\leq ICI$ 时,SBC 对 TEC 的效应。

模型(1)显示预算软约束显著不利于技术创新,模型(2)和(3)却表明 SBC 对 TEC 没有影响,但这三个模型都不能捕捉预算软约束对技术创新的非线性结构转折效应,不符合实证研究设计,无法恰当地检验理论假说,故其回归结论并不可信。模型(4)的简单阈值回归表明,当 ICI 小于 0.114 1 时,TEC 对 SBC 的回归系数 SBC-0 为 0.449 1,当 ICI 大于 0.114 1 时,TEC 对 SBC 的回归系数 SBC-1 为 -1.345 4。依赖 ICI 的取值,SBC 与 TEC 之间存在与理论预期一致的非线性结构转折效应。但模型(4)的问题是,由于没有添加任何控制变量,很可能存在遗漏变量内生性问题,违反 Hansen 面板阈值回归的假定,使得估计结果失效(Hansen,1999)。此外,阈值依赖变量 SBC 的回归系数 SBC-0 以及阈值效应仅在 10% 的显著性水平下显著。为此,模型(5)在模型(4)的基础上加入了表 2-2 中基础设定所含控制变量,结果显示,阈值水平保持不变,SBC 的系数和阈值效应均变得更加显著了,且模型(4)揭示的 SBC 对 TEC 的非线性结构转折效应依然存在。模型(5)的单阈值效应检验拒绝了无阈值效应的原假设,但并不能揭示具体存在几个阈值。因此,模型(6)以模型(5)为基础进行了双阈值回归,阈值效应检验和各阈值置信区间似然比(LR)检验的详细信息分别反映在表2-5和图2-1中。表2-5的检验结果表明只存在一个阈值。图2-1中虚线以下的LR曲线对应的横轴取值范围即为对应阈值的置信区间。第一个阈值的LR曲线与虚线的交点即为第一个阈值置信区间的下界0.105 3和上界0.116 3。第二个阈值的LR曲线全都位于虚线以下,表明有大量潜在取值都与已经搜寻出的第二个阈值一样可以充当阈值,且在可取值范围内找不到不能作为第二个阈值的取值,这反向说明第二个阈值0.034 6事实上并不存在,再次显示只有一个阈值0.114 1。

表2-5 阈值效应检验

模型	阈值水平	RSS	MSE	F统计量	P值	临界值		
						10%	5%	1%
单阈值	0.114 1	1 936.842 3	4.611 5	22.18	0.033 3	16.780 0	20.351 5	26.986 7
双阈值	0.114 1/0.034 6	1 913.486 2	4.555 9	5.13	0.550 0	17.021 9	21.440 7	36.903 1

注:①"单阈值"检验的H_0是:无阈值效应,H_A为:有一个阈值;"双阈值"检验的H_0是:有一个阈值,H_A为:有两个阈值;②每个检验的相关统计信息由Bootstrap各抽样300次模拟得到。

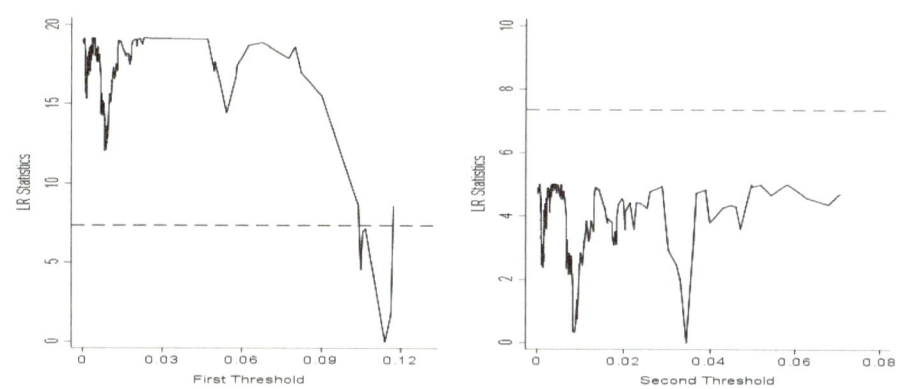

图2-1 双阈值模型中置信区间的似然比统计检验

注:图中虚线为LR检验统计量的5%临界值7.35,实线为对应阈值的LR统计值曲线。

总之,表2-4模型(5)的基础回归表明:在远离世界技术前沿的简单复制、模仿创新阶段($ICI \leqslant 0.114\ 1$时),预算软约束有利于促进创新;而在靠近世界技术前沿的原始创新阶段（$ICI>0.114\ 1$ 时），预算软约束则会阻碍创新。这一初步实证结论与理论假说一致。此外，从不同区制下 SBC 回归系数的绝对值来看，预算软约束对两类创新的影响存在不对称性，即预算软约束对前沿创新的阻碍作用要远大于其对非前沿创新的促进作用。

二、稳健性检验

为考察表 2-4 模型（5）基础回归结论的可靠性，从以下六个方面展开了稳健性检验，其结果列示在表 2-6、表 2-7 以及图 2-2 中。

1. 主观设定合理的阈值

找出 ICI 取值最高的 5 个省份，分别是北京、广东、上海、天津和浙江，它们也是中国大陆最具创新力的地区。将它们的 ICI 值进行算术平均，计算结果为 0.176 8，以此作为阈值。然后，生成一个因变量 D：当 $ICI>0.176\ 8$ 时，$D=1$；当 $ICI \leqslant 0.176\ 8$ 时，$D=0$。并生成一个交互项 $SBC \times D$。最后，使用 Stata 命令 xtreg 进行固定效应回归。由列示在表 2-6 模型（1）中的估计结果可见，当 $ICI \leqslant 0.176\ 8$ 时，SBC 的系数为 0.513 7；当 $ICI>0.176\ 8$ 时，SBC 系数为 $-1.327\ 1(=0.513\ 7-1.840\ 8)$。这一结果与表 2-4 中模型（5）的基准估计结论相一致。

2. 安慰剂检验

阈值变量 ICI 的取值范围在 $[0,3.16]$ 之间，以 0.003 16 为步长，选择了 1 000 个假设的阈值。对于每个假设的阈值 $T_j(j=1,2,\cdots,1\ 000)$，生成对应的虚拟变量 D_j（$ICI_{it}>T_j$ 时，$D_j=1$；$ICI_{it} \leqslant T_j$ 时，$D_j=0$）。然后，生成一个交互项 $SBC_{it} \times D_j$，并进行以下固定效应回归：

$$TEC_{it}=a_{0j}+a_{1j}SBC_{it}+a_{2j}SBC_{it} \cdot D_j+X'_{it}\delta_j+u_i+\varepsilon_{it}$$

因此，当 $ICI_{it} \leqslant T_j$ 时，SBC 对创新的影响为 a_{1j}；当 $ICI_{it}>T_j$ 时，SBC 对创新的影响为 $a_{1j}+a_{2j}$。对应每个 T_j，存储对应的 a_{1j} 和 a_{2j} 的所有估计结果（$j=1,2,\cdots,1\ 000$），并将它们绘制在图 2-2 中。

如图 2-2 所示，当假设阈值趋近于数据驱动的阈值 0.114 1 时，随着 ICI 跨过相应的假设阈值，SBC 对创新的影响由正变为负；然而，当假设阈值远离数据驱动的阈值 0.114 1 时，随着 ICI 越过相应的假设阈值，SBC 对创新的影响却始终为正。这些结果与表 2-4 模型（5）中的结论相一致，因此实证结果通过了安

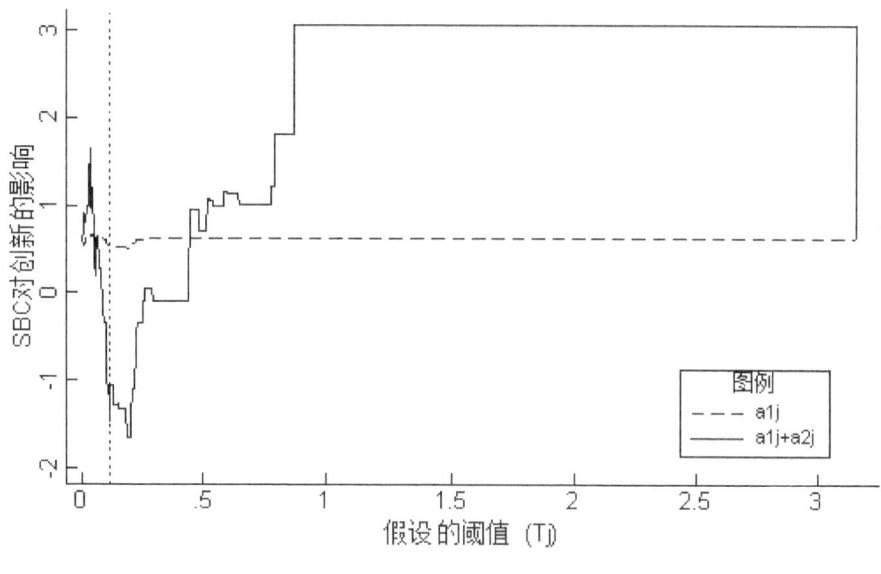

图 2-2 安慰剂检验结果

注：垂直短虚线表示数据驱动的阈值 0.114 1；长虚线和实线分别表示系数 a_{1j} 和 $a_{1j}+a_{2j}$ 随假设阈值 T_j 的变化情况。

慰剂检验。

3. 调整实证策略

通过变换因变量和回归模型，进一步考察基准结果的敏感性。新构建了三个指标（NPI、PIO 和 PIT，见表 2-2），旨在体现中国创新的不同先进性，并采用固定效应静态面板模型进行了实证检验。以 NPI、PIO 和 PIT 为因变量，回归结果分别列示在表 2-6 的模型（2）、（3）和（4）中。模型（2）表明，SBC 对人均实用新型和外观设计专利（NPI）有正向影响。然而，模型（3）表明，SBC 对人均发明专利（PIO）的影响是负向的。模型（4）还揭示，SBC 对人均发明专利和 PCT 专利（PIT）的影响同样为负。这些结果表明，预算软约束对非前沿创新具有促进作用，但对前沿创新则具有阻碍作用，且阻碍作用大于促进作用。这里的实证结果也与基准结论相一致。

4. 剔除异常样本

通过数据检查发现，北京 2015 年的 PCT 数据要比其前后年份高出好几倍，根据 PCT 算出的 ICI 也在全样本中远远大于排在第二位的数值。由于 ICI 是阈值变量，为了考察这一异常值是否会对实证结论产生影响，剔除了这一异常值。

但 Hansen 的面板阈值模型只适用于平衡面板,所以只能将北京的数据全部去掉。相应结果列示在表 2-6 模型(5)中。结果显示,虽然阈值水平和 SBC 系数的大小、显著性有了一些变化,但符号与表 2-4 模型(5)一致。

5. 加入更多控制变量

为了检视表 2-4 模型(5)的基础设定形式是否还存在遗漏变量引起的内生性偏差,考察随着更多备选控制变量的逐个加入,基础回归结论是否依然成立,表 2-7 模型(1)~(4)在表 2-4 模型(5)的基础上依次加入了四个新控制变量,它们来自表 2-2 的备选设定。分析结果表明,随着这些控制变量的逐一加入,我们关注的变量的回归系数在大小、符号和显著性方面并未发生显著变化,说明表 2-4 模型(5)已使得扰动项条件均值独立于感兴趣变量的假设得以满足,结论具有可靠性。

6. 优化回归方法

以表 2-7 模型(4)为基础,进一步将自助法次数和搜索格点数统一由 300 增加到 500,以进行更充分的统计推断和参数估计;此外,考虑到模型不仅存在个体固定效应(不随时间而变但随个体而变),还可能兼具时间固定效应(不随个体而变但随时间而变),故在表 2-7 模型(4)基础上进行了双向固定效应面板阈值估计[1]。相应结果列示在表 2-7 模型(5)中,篇幅所限,没有报告时间虚拟变量的回归结果。表 2-7 模型(5)核心结论与模型(4)一致,表明表 2-7 模型(4)的回归设定已足够有效。

表 2-6　稳健性检验结果(一)

因变量:TEC, NPI, PIO, PIT	(1) FE	(2) FE	(3) FE	(4) FE	(5) PTM
SBC-0	—	—	—	—	0.504 1* (0.264 4)
SBC-1	—	—	—	—	-5.476 5*** (1.246 9)

[1] 以 2002 年为基期(对应常数项 C),在回归中为 2003—2015 引入了 13 个虚拟变量。所有年度虚拟变量联合显著性检验的 F 值为 6.96,P 值为 0.000 0,表明应该考虑时间固定效应。

（续表）

因变量：TEC, NPI, PIO, PIT		(1) FE	(2) FE	(3) FE	(4) FE	(5) PTM
阈值水平		—	—	—	—	0.185 6
95%置信区间		—	—	—	—	[0.141 5, 0.201 8]
阈值效应检验	单阈值	—	—	—	—	25.47***
	双阈值	—	—	—	—	7.40
SBC		0.513 7* (0.267 9)	0.124 4*** (0.046 5)	−0.639 4** (0.272 9)	−0.650 0** (0.292 6)	—
SBC×D		−1.840 8*** (0.471 6)				
FDI		−0.091 1 (0.113 2)	0.092 2*** (0.019 7)	−0.071 2 (0.115 8)	−0.075 0 (0.124 2)	−0.050 6 (0.113 4)
IPP		−0.963 8*** (0.320 2)	−0.059 5 (0.055 1)	0.927 7*** (0.323 4)	0.979 1*** (0.346 8)	−0.945 6*** (0.315 9)
NET		−0.056 2*** (0.012 8)	0.041 1*** (0.002 2)	0.073 6*** (0.013 0)	0.075 9*** (0.013 9)	−0.066 6*** (0.012 8)
RDI		1.027 0* (0.577 9)	0.212 6** (0.099 3)	4.866 4*** (0.583 3)	5.083 6*** (0.625 4)	1.422 1** (0.610 4)
FIN		0.246 0* (0.134 9)	−0.037 0 (0.023 0)	−0.174 0 (0.135 0)	−0.180 7 (0.144 8)	0.349 2** (0.148 7)
ICI		1.607 9* (0.850 3)	—	—	—	11.379 6*** (3.803 2)
C		28.307 0*** (1.244 0)	−1.102 2*** (0.216 0)	−3.941 9*** (1.268 7)	−4.201 8*** (1.360 3)	27.033 7*** (1.194 5)
个体固定效应		Yes	Yes	Yes	Yes	Yes
时间固定效应		No	No	No	No	No
样本量		434	434	434	434	420
组内 R^2		0.107 7	0.779 3	0.525 9	0.509 9	0.128 8
F/Wald		5.958 4	233.597 6	73.410 6	68.642 2	7.056 8
P 值		0.000 0	0.000 0	0.000 0	0.000 0	0.000 0

注：括号里是普通标准误差。* $p<0.1$，** $p<0.05$，*** $p<0.01$。模型1和5的因变量为

TEC；模型(2)、(3)和(4)的因变量分别为 NPI、PIO 和 PIT。模型 5 的回归样本不包含北京。模型 5 的修剪比例、自举法次数、格点数分别设置为 0.01、300 和 300。在模型(5)中，"SBC-0"和"SBC-1"分别表示当 ICI 低于或高于估计的相应单阈值时，SBC 对 TEC 的边际效应。

表 2-7 稳健性检验结果(二)

因变量:TEC		(1) PTM	(2) PTM	(3) PTM	(4) PTM	(5) PTM	(6) PTM
SBC-0		0.602 4** (0.273 9)	0.601 7** (0.274 3)	0.613 8** (0.271 6)	0.532 3** (0.267 6)	0.493 3** (0.252 0)	0.439 4* (0.251 9)
SBC-1		-1.250 5** (0.563 8)	-1.253 9** (0.564 9)	-1.308 6** (0.559 5)	-1.085 7** (0.552 7)	-1.195 0** (0.511 7)	0.731 7*** (0.273 7)
SBC-2		-	-	-	-	-	-0.875 2* (0.530 0)
阈值水平		0.114 1	0.114 1	0.114 1	0.114 1	0.114 1	T1: 0.114 1 T21: 0.114 1 T22: 0.009 0
95%置信区间		[0.106 6, 0.116 3]		[0.104 8, 0.106 3]	[0.105 3, 0.116 3]	[0.112 8, 0.116 3]	T1: [0.112 8, 0.116 3] T21: [0.112 8, 0.116 3] T22: [0.008 9, 0.009 2]
阈值效应检验	单阈值	26.31***	26.74***	25.75***	19.99**	26.71***	26.71***
	双阈值	5.45	5.08	4.51	4.05	4.95	4.95
FDI		-0.061 6 (0.116 9)	-0.060 7 (0.117 2)	-0.056 7 (0.116 0)	-0.032 6 (0.114 1)	-0.069 2 (0.116 7)	-0.081 3 (0.116 3)
IPP		-1.063 9*** (0.319 4)	-1.059 8*** (0.320 9)	-0.907 1*** (0.321 7)	-0.747 0** (0.318 7)	-0.582 5* (0.305 9)	-0.528 7* (0.305 4)
NET		-0.064 6*** (0.013 7)	-0.064 9*** (0.013 8)	-0.083 8*** (0.015 0)	-0.109 8*** (0.016 2)	-0.157 8*** (0.034 5)	-0.164 7*** (0.034 5)
RDI		0.785 3 (0.754 8)	0.778 5 (0.757 0)	0.593 4 (0.752 0)	0.992 0 (0.745 8)	0.701 6 (0.703 1)	0.712 4 (0.699 7)
FIN		0.219 7 (0.135 5)	0.222 2 (0.136 9)	0.247 9* (0.135 8)	0.244 2* (0.133 4)	0.070 2 (0.140 7)	0.116 8 (0.141 7)
ICI		0.807 5 (0.789 0)	0.830 0 (0.803 3)	0.115 9 (0.830 0)	-0.035 4 (0.816 3)	0.070 5 (0.754 3)	0.179 9 (0.752 3)

(续表)

因变量:TEC	(1) PTM	(2) PTM	(3) PTM	(4) PTM	(5) PTM	(6) PTM
HCA	0.302 1 (0.308 2)	0.315 4 (0.320 6)	0.180 8 (0.320 5)	−0.083 6 (0.322 1)	−0.296 8 (0.300 6)	−0.265 6 (0.299 5)
HTT	—	0.427 2 (2.774 3)	−1.886 4 (2.852 4)	−1.268 9 (2.806 7)	−4.598 4* (2.695 0)	−5.496 8** (2.713 5)
ENT	—	—	0.825 4*** (0.274 9)	0.643 4** (0.274 1)	1.074 0*** (0.283 3)	1.022 3*** (0.283 0)
PCE	—	—	—	1.162 5*** (0.298 5)	1.440 2*** (0.289 2)	1.412 8*** (0.288 1)
C	28.198 5*** (1.250 8)	28.143 5*** (1.302 2)	27.279 9*** (1.320 9)	23.803 5*** (1.575 1)	23.421 0*** (1.603 6)	23.633 9*** (1.598 7)
个体固定效应	Yes	Yes	Yes	Yes	Yes	Yes
时间固定效应	No	No	No	No	Yes	Yes
样本量	434	434	434	434	434	434
组内 R^2	0.106 5	0.106 6	0.126 7	0.159 3	0.321 7	0.330 0
F/Wald	5.220 2	4.688 9	5.169 2	6.173 2	7.169 5	7.143 1
P 值	0.000 0	0.000 0	0.000 0	0.000 0	0.000 0	0.000 0

注:括号内为普通标准误差。* $p<0.1$,** $p<0.05$,*** $p<0.01$。模型(1)~(4)的修剪比例、自举法次数和格点数分别设置为 0.03、300 和 300,模型(5)和(6)相应设置为 0.03、500 和 500。模型 6 是唯一的双阈值模型,其中单阈值(T1)和双阈值模型(T21)中的第一个阈值均为 0.114 1,第二个阈值(T22)为 0.008 7。在模型(1)~(5)中,"SBC-0" 和 "SBC-1" 分别表示当 ICI 低于或高于估计的相应单阈值时,SBC 对 TEC 的边际效应。在模型 6 中,"SBC-0" 表示当 ICI<0.009 0 时,SBC 对 TEC 的边际效应;"SBC-1" 表示当 0.009 0≦ICI<0.114 1 时,SBC 对 TEC 的边际效应;"SBC-2" 表示当 0.114 1≦ICI 时,SBC 对 TEC 的边际效应。

此外,表 2-7 模型(5)的单阈值效应检验拒绝了无阈值效应的原假设,但这并不足以揭示具体存在几个阈值。因此,为了进一步探索,表 2-7 模型(6)以模型(5)为基础进行了双阈值回归(为节省篇幅,未报告时间虚拟变量的回归结果),阈值效应检验和各阈值置信区间似然比(LR)检验的详细信息分别反映在表 2-8 和图 2-3 中。表 2-8 的检验结果表明只存在一个阈值;图 2-3 中虚线以下的 LR 曲线对应的横轴取值范围即为对应阈值的置信区间。第一个阈值的 LR 曲线与虚线的交点即为第一个阈值置信区间的下界 0.112 8 和上界 0.116 3。第二个阈值的 LR 曲线全都位于虚线以下,这说明第二个阈值 0.009 0 实际上是不存在的,再次显示只有一个阈值 0.114 1。

表 2-8 阈值效应检验

模型	阈值水平	RSS	MSE	F统计量	P值	临界值		
						10%	5%	1%
单阈值	0.114 1	1 455.614 9	3.465 7	26.71	0.008 0	16.691 5	19.416 0	25.108 5
双阈值	0.114 1/0.009 0	1 438.647 7	3.425 4	4.95	0.654 0	16.142 5	26.211 8	47.871 6

注:①"单阈值"检验的 H_0 为:无阈值效应,H_A 为:有一个阈值;"双阈值"检验的 H_0 是:有一个阈值,H_A 为:有两个阈值;②每个检验的相关统计信息由 Bootstrap 各抽样 500 次模拟得到。

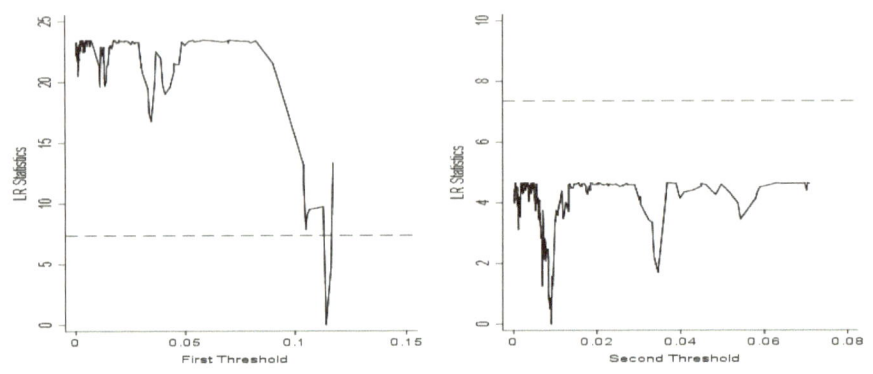

图 2-3 双阈值模型中置信区间的似然比统计检验

注:图中虚线为 LR 检验统计量的 5% 临界值 7.35,实线为对应阈值的 LR 统计值曲线。

综上所述,通过一系列稳健性检验,基础回归结论是可靠的:依赖与技术创新前沿的距离,预算软约束对技术创新存在非线性结构转折效应。具体来讲,在远离世界技术前沿的非前沿创新阶段,预算软约束体制有利于促进技术创新;而在靠近世界技术前沿的原始创新阶段,预算软约束体制则会阻碍技术创新。此外,稳健性检验一致表明,预算软约束对两类创新的不对称影响依然存在。

三、内生性讨论

本章的实证研究也有意识地处理了一些内生性问题,如根据理论和实践精心选取需控制的变量以避免遗漏变量引起的内生性偏差;控制省份固定效应以解决不随时间而变但随个体而变的遗漏变量问题;选择面板阈值模型以刻画预算软约束对技术创新的非线性影响,避免了直接采用线性回归导致的偏颇和模型误设引起的内生性偏差。

此外,稳健性检验中还通过依次新增四个控制变量和纳入时间固定效应进一步考察和处理了潜在的内生性偏差。但由于数据和方法限制,对其他可能原因(如反向因果、测量误差等)产生的内生性,没能采用面板阈值 IV 方法、随机实验等操作加以解决,待将来数据和方法允许时,可通过进一步优化经验研究策略来应对这些问题。

四、实证结论及其解释

首先,回归分析表明,当 $ICI \leqslant 0.114\ 1$ 时,即当中国某省人均拥有的 PCT 国际专利数小于美国人均 PCT 专利数的 11.41% 时,预算软约束对技术创新有促进作用;而当 $ICI > 0.114\ 1$,即当某省人均拥有的 PCT 国际专利大于美国人均 PCT 专利的 11.41% 时,预算软约束会反过来阻碍技术创新。根据本章的构造方法,ICI 的大小可以较好地反映各省与世界技术前沿的距离,则 $0.114\ 1$ 便是本章估计出来的非前沿创新和准前沿、前沿创新的界限。由此,归结论说明:在非前沿性创新阶段,预算软约束体制有利于促进技术创新;而在准前沿、前沿性创新阶段,预算软约束体制会阻碍技术创新。简言之,预算软约束有利于促进非前沿性创新,但不利于准前沿、前沿性创新。根据第二节的理论分析,导致上述结果的原因在于:在技术创新远离世界前沿之时,其研发活动主要是简单复制和模仿型创新,未来风险较小,先验信息也很丰富,行政事先筛选正确的概率也就较高,这些项目事后基本都能成功,所以伴随预算软约束而来的事后淘汰机制缺失的危害性并不明显。而且,预算软约束不仅可以为创新项目提供充足的资金、人才等资源支持,还可以避免试错成本,故有利于技术快速追赶。而技术创新越前沿,先验知识就越缺乏,其未来技术和市场不确定性也越高。此时,与预算硬约束的事前不筛选而事后再择优相比,预算软约束事前甄别的做法难以避免试错成本,且事后难以终止坏项目的机制不仅使得宽松资源优势不复存在,还会导致创造性破坏效应失灵、企业家才能误置和商业运营生态失衡,从而阻碍技术创新。由于只有预算硬约束才能提供事后及时终止坏项目的可置信威胁,此时能够硬化预算约束的各种制度安排就越有利于促进前沿创新。理论与实证研究均表明,随着技术创新所处阶段的演进,预算软约束对技术创新的影响会发生非线性结构转折。所以,动态硬化的预算软约束体制,才能避免曾经的制度优势演变为新阶段的制度劣势,进而为创新升级奠定制度基础。

其次,从不同区制下 SBC 回归系数的绝对值来看,预算软约束对两类创新的影响呈现出不对称性,即预算软约束对前沿创新的阻碍作用要远大于其对非前沿创新的促进作用。前文的理论分析为这种差异提供了合理解释:在非前沿创新阶段,预算软约束体制有明显的试错成本节省和宽松资源支持的优势。尽管此时创造性破坏效应失灵、企业家才能误置和商业运营生态失衡这三大劣势也是存在的,但他们的影响尚未足以抵消预算软约束所带来的优势,因此,预算软约束体制最终有利于非前沿创新。而在前沿创新阶段,预算软约束体制失去了试错成本节省和充足资源支持的优势,而创造性破坏效应失灵、企业家才能误置和商业运营生态失衡这三大劣势却依然存在且变得更加明显,使得预算软约束对前沿创新的阻碍作用变得极为强烈。鉴于此,考虑到经济发展最终必然蕴含着从非前沿创新向前沿创新的转型以及制度的路径依赖特性,即使在非前沿创新阶段,预算软约束体制也并不是一种值得主动建立并长期维持的制度。

五、研究结论的进一步探讨

通过数据查看发现,我国各省的 ICI 超过阈值 0.114 1 的情况并不普遍,具体来讲,北京于 2005 年开始,广东于 2007 年开始,上海于 2009 年开始,浙江在 2015 年达到该阈值,天津于 2012 年一度超过阈值,江苏省尚未达到阈值,但已较为接近。在全部 434 个样本中,ICI 超过 0.114 1 的共计 29 个,占比 6.68%。2015 年,我国 31 省中仅有 4 省的 ICI 超过阈值。故目前看来,我国处于准前沿、前沿创新阶段的省份还不多,大多数省份仍然处于远离前沿的技术复制模仿阶段。根据上述实证研究结论,我国省域经济创新发展的现状似乎为推行预算软约束体制提供了理由,但基于下述两点原因,我们不应该这么简单地看问题。

第一,预算软约束仍然有利于我国大多数省份创新发展的事实只能说明我国整体的创新水平还比较低,而这正是需要改变的现状。我们必须认识到,预算软约束体制是造成我国省域经济低水平创新多、高端创新匮乏的重要原因之一。诸多真正有前景的创新创业项目很难由行政方式预先筛选出来,同时,我国各级政府财政、国企运营、银行信贷中普遍存在的预算软约束问题,又导致失败项目缺乏事后的市场淘汰机制,这引发了技术变革的创造性破坏效应失灵、企业家才能错配和企业营商生态失衡,最终阻碍了创新创业的市场活力。预算软约束体制确实有利于在技术起步阶段发挥后发追赶优势,促进复制模仿型创新的快速发展,但在我国追求创新转型的时代大背景下,其对非前沿创新的促进作用并不能成为实施预算软约束体制的理由,反而应成为加强预算硬约束的根据。目前,复制模仿空间的缩窄、国际创新大国的密切防范、自身转型发展的需要以及一定的创新发展基础都使得我国到了实施由复制模仿向准前沿、前沿创新转型的时刻,必须适时改变原有驱动创新的预算软约束体制,建立预算硬约束的市场进化机制,才能为我国完成这一创新转型提供制度保障。否则,维持原有预算软约束体制只会导致我国在复制模仿创新阶段徘徊,难以为原始创新突破奠定蓬勃发展的体制环境,技术创新转型和经济结构升级也就失去了原动力,曾经的推动力量最终演变成创新发展的阻碍因素。

第二,我国目前进入准前沿、前沿创新阶段的省份虽少,但它们却是引领我国创新转型的"火车头"和中坚力量。预算软约束体制会对这些位于我国创新前沿的省份的发展产生制约,使得驱动我国产业创新转型的核心动力受阻。同时,还必须看到,北京、上海、广东等地的技术创新虽然处于我国创新的最前沿,但在世界范围内看,这只是靠近技术创新的准前沿。随着这些地方进一步向世界技术前沿攀登,可用的先验信息将越来越少,未来不确定性将越来越大,此时预算软约束体制的阻碍作用会愈发明显,将成为我国进一步翻越技术高峰和实现整体技术进步的体制性障碍。此外,当前我国经济发展的迫切任务在于转变经济发展方式、实现经济体系优化升级和推进经济高质量发展,其关键在于整体改变简单复制和模仿的创新模式,实现向准前沿和前沿创新的转型。我国也正在实施创新发展战略,不断加大研发经费和科技人才的投入,预计未来将有更多省份加入准前沿创新的行列。然而,预算软约束体制所带来的创新阻碍效应的波及范围会越来越广,这不仅无法为创新提供良好的制度环境,还会削弱各种研发投入对创新的推动作用。

第五节　结论与讨论

本章的理论与实证研究表明：在非前沿性创新阶段，预算软约束体制有利于驱动创新；而在准前沿、前沿性创新阶段，预算软约束体制则会阻碍创新。本研究对我国摆脱思维惯性和制度路径依赖性，进而通过体制动态变革来驱动创新转型具有启发意义。同时，也对理解经济世界中各种经济组织形式差异化的创新促进效果也提供了启发性素材。

国际国内局势的深刻变革凸显了确保产业安全和激发经济发展新动能的重要性。无论基于主动推进还是外在倒逼的视角，以多方位前沿科技攻坚为核心的创新驱动发展战略已成为未来很长一段时期我国经济发展的主推战略之一。这一点已经全面深刻地体现在我国"十四五"规划和2035年远景目标纲要中。"十四五"规划也从国家、企业、人才、科技体制四个层面，提出了加快科技强国建设的战略性举措。本研究对我国实施创新驱动发展战略的启示在于：创新的类型绝非同质，且不同类型创新的驱动机制迥异，推进创新结构升级，首先需要动态变革体制机制。预算软约束体制对我国经济快速追赶起到了巨大助力，但在当前全面向前沿创新转型的背景下，预算软约束体制必须做出适应性调整和变革。

对于那些市场广阔且有效的前沿科创领域，要确立创新创业的市场化主导机制，强化企业创新的主体地位，从而全面建立起预算硬约束主导的体制机制，多方位激发个人、企业、科研机构等预算硬约束组织的创新活力。政府、公共科研机构等具有预算软约束倾向的组织，应尽量退出市场有效的前沿科创领域。若难以退出，则应通过完善财务纪律、预算管理、追责监督等机制来全面硬化预算约束，以避免创造性破坏效应失灵、企业家才能误置和商业运营生态失衡的问题。

当然，对于基础研究、产业共性技术开发等具有公共品属性的一些前沿创新环节，应该充分发挥政府主导、集体战略性攻关、新型举国体制等预算软约束措施在方向瞄准、合力凝聚、风险承担和集中攻关上的突出优势，以弥补市场失灵问题。通过上述创新体制变革，形成有效市场与有为政府协同配合的国家创新发展体系。

除了上述对我国创新转型的理论启发与实践价值外,本章的实证分析也为现有系列理论研究提供了来自中国的经验证据。所得实证结论与这些探讨各种制度所蕴含的迥异预算软约束程度,以及对异质创新产生差别影响的理论文献高度契合。增加了新的素材,帮助本章从预算软约束视角出发来理解经济世界里各种形式的经济组织为何会呈现出迥异的创新绩效。经济体制、政府、公司以及金融机构等各种经济组织,在预算软约束问题的严重性上差异显著,故而会对各自的创新活动和经济行为产生深远影响。一系列研究表明(Kornai,2014; Qian et al,1998; Huang et al,1998; Huang et al,1999; Huang et al,2003),计划体制、国有企业、政府投资、大公司、企业内研发、单一银行融资、内源融资等组织安排存在预算软约束倾向,使得它们在先验信息多、低风险、初始投资大的非前沿创新项目上绩效良好,但在先验信息少、高风险、初始投资小的前沿创新方面则乏善可陈;而市场经济、私有企业、私人投资、破产清算制度、小企业、公司外研发、多银行融资、外部联合融资等具有预算硬约束属性的经济组织形式则在促进突破性前沿创新上表现卓越。

虽然预算硬约束一直是主流经济学的隐含假定,但在现实中却不一定成立,只有有意识地建立能够硬化预算约束的体制机制,才能为驱动前沿创新奠定制度基础。例如,硅谷人认为,硅谷成功的最大秘密在于他们有让项目破产的意愿,因为预算硬约束可以避免"结果是技术上的成功,却是经济上的灾难"的局面(Qian et al,1998;Feldman,1985)。

第六节　本章小结

本章首先基于软、硬预算约束体制蕴含的迥异筛选机制,以及技术创新前沿程度在先验信息、未来风险上的不同,理论分析了预算软约束对技术创新的影响,并探讨了这种影响随创新前沿性演变而发生阈值转折的内在机制。随后,通过量化构建中国 31 省 2002—2015 年的预算软约束指数和创新追赶指数,利用面板阈值模型进行了计量分析,为理论假说的经验验证提供了来自中国经济转轨的证据。

实证研究结果表明：在非前沿创新阶段，预算软约束体制对技术创新有促进作用；而在准前沿、前沿创新阶段，预算软约束体制则会阻碍技术创新。同时，预算软约束体制对两类创新存在不对称影响，即预算软约束对前沿创新的阻碍作用要远大于其对非前沿创新的促进效应。因此，促进前沿创新必须依赖预算硬约束体制。

本章的研究揭示了随创新阶段演进而动态硬化预算软约束体制的重要性。只有打破低水平创新阶段的成功所带来的思维惯性和制度路径依赖性，才能使预算软约束不成为高水平创新发展的体制障碍。我国作为尚在多重转轨中的发展中经济体，在各级政府、金融组织、国有企业等部门还存在较多的预算软约束问题。这一体制曾经为我国经济的后发追赶提供了制度优势，但面对不断临近的前沿、高新科技创新使命，其弊端会不断显现。本章的研究为清晰反思预算软约束体制的力量与局限，以及明确未来的调整方向提供了一个思考的视角。

第三章 金融结构体制对技术创新转型的影响研究

第一节 引言

技术创新对企业赢得竞争优势、经济可持续增长和确保国家产业安全的核心重要性,已经得到了广泛认同。探讨技术创新的驱动因素也是一个古老但常新的主题。然而,处于不同发展阶段的国家,获取技术进步的方式也存在明显差异。处于技术前沿的发达国家,其创新只能采取新知识探索的形式;而远离创新前沿的发展中国家,除了可以进行如发达国家般的前沿研发之外,还能从发达国家那里复制与模仿现有的成熟技术(Vandenbussche et al,2006)。而且,在远离世界技术前沿的阶段,在发展中国家内部,技术复制与模仿的比例会增高,准前沿、前沿创新的比例会降低,以充分利用低成本、低风险技术学习的"后发优势";但随着自身技术的进步,技术模仿的空间会不断缩小,这时发展中国家进行准前沿、前沿创新的动机和能力才会不断增强。

目前,通过充分的技术模仿和学习,我国的技术进步取得了长足发展。然而,现阶段,技术模仿空间的缩小、国际创新大国的防范以及自身转型发展的需要,都促使我国必须实施由技术模仿向准前沿、前沿创新转型的战略。探讨这一创新结构转型背后的驱动因素和阻碍力量,对我国经济高质量发展具有重大意义。

　　技术创新是一个复杂的过程,它依赖于制度、人才、资金、开放、集群等一系列因素的系统性有机配合。尽管经济学理论尚无法详尽罗列出创新发展的所有充分条件,但金融支持对科技创新的必要性已得到广泛认同。2020年的全球创新指数将主题定为"谁将为创新融资?"致力于阐明创新创业的金融驱动机制。党的十九大报告明确提出,要加快建设实体经济、科技创新、现代金融、人力资源协同发展的产业体系,必须深化金融体制改革,并持续增强现代金融服务科技创新的定位与能力。国家"十四五"规划进一步强调,要完善金融支持创新体系,构建金融有效支持实体经济的体制机制。然而,当前我国面临着较为严峻的科技短板和金融自循环双重挑战,如何增强金融体系服务科技创新的导向和能力,进而持续提升现代金融和科技创新对实体经济发展的贡献,是一个具有重大实践和理论价值的问题。

　　熊彼特在其关于创新的开创性理论研究中指出,大企业由于更有能力提供内源融资,所以要比小企业有更好的创新绩效。信息经济学文献很好地继承了熊彼特的论点,认为外源融资面临更强烈的创新者与投资者之间的信息不对称,这可能导致严重的逆向选择和道德风险问题,从而使得内源融资在支持创新方面更加高效(Brown et al, 2009)。但后续的学术研究揭示,外源融资在扩大资金来源、稳定投入、共担风险、提供专业服务和监督管理等方面更具优势,所以成为创新投入越来越不可或缺的重要力量(Hall, 2002)。

　　在现代经济实践中,鲜有企业能完全不依赖外部融资而实现技术创新。一旦企业开始利用外源融资为创新提供资金支持,就必然面临融资方式的选择问题:是采用债务融资(debt financing)还是选择权益融资(equity financing)? 大量研究表明,融资方式的选择会极大影响企业的创新行为,并决定企业在技术模仿和前沿创新上的不同表现。而国家或地区的宏观金融结构会制约企业融资方式的选择[1]，不同的选择又会通过企业的创新活动，对该国或地区在模仿与创新方面的整体格局产生深远影响。宏观金融结构决定了外部金融资金能否流入以及流入何种类型的创新创业活动中。在不适宜的金融结构下，即使金融规模庞大，微观企业的科技创新活动也难以得到金融支持。建立与技术创新类型相匹配的金融结构，是现代金融有效服务科技创新和实体经济发展的关键前提。鉴于此，本章试图回答的核心问题是：在不同的技术创新水平下，金融结构对技术创新的影响关系是如何动态演变的？对这一主题的研究将有助于我们深入理解金融在创新机制中的重要作用，进而通过金融结构的动态调整，推动我国经济从复制模仿向前沿创新转型，持续攻克技术"卡脖子"问题，打造自主可控、安全高效的国家创新体系。

传统观点认为，金融体系的总体规模最为重要，规模越大越有利于期限转换、储蓄动员、投资激励、风险分散、信息揭示、交易成本降低等，更能为高风险创新项目发展提供长期不可分割投资，进而推动技术进步和经济增长（McKinnon, 1973；Merton, 1995；Demirguc-Kunt, 2004）。MM定理也表明，在完全信息、零税收、无交易费用等完美市场且无摩擦环境下，资本结构不影响企业市场价值。因此，任何金融结构对创新的作用都相同（Beck et al, 2000）。然而，在真实经济中，信息不对称和交易费用无处不在，使得不同金融结构的异质运营属性在促进技术创新的功能和效率上产生差异（徐明等，2017）。因此，又有大量研究聚焦于不同金融结构对技术创新的差异化影响。目前，金融结构主要有两种分类方式：一种是从直接融资和间接融资角度，将金融结构划分为市场主导型和银行主导型；另一种是从债务融资和权益融资角度来划分金融结构。基于此，关于金融结构对技术创新影响的研究也分别从这两个角度展开。

---

[1] 企业在债务融资和权益融资上所占的比例，即企业的资本结构。从企业自身的微观视角出发，静态权衡理论和融资优序理论分别从资本成本最小化和控制权维持的角度解释了企业资本结构的成因。Sheehan等对融资优序理论进行了拓展，认为市场因素（成长性、经济周期、资金可得性等）、产业因素（生命周期、风险性、管制与竞争程度等）和企业自身因素（生命周期、技术水平、风险性、发展速度的重要性、规模、内部资金可得性等）共同决定了企业的资本结构（Sheehan et al, 2001）。但除了上述中观、微观因素外，宏观金融结构的发展状况显然会客观影响微观企业在债务融资工具和权益融资工具利用上的可得性，从而对企业的资本结构带来重要影响。

第一,市场主导与银行主导角度。这一角度的研究大多从一国或地区的宏观金融结构出发,考察其对国家或地区技术创新的整体影响。一方面,支持市场主导型直接融资的学者认为,金融市场在信息揭示、价格发现、风险分散、优胜劣汰等方面优于银行主导型融资体系,从而更有利于推动技术创新(Levine,1991;Holmstrom et al,1997;Beck et al,2010;Khan et al,2018;孙伍琴,2004;张恩众等,2017;邹建军,2018)。尽管银行能帮投资者有效地选择创新项目,但其风险控制要求也高,因此创新融资很难获得足够贷款。同时,强大的银行还会榨取信息租金,占据企业利润的很大一部分,从而降低了企业从银行获取长期创新项目融资的激励(Hellwig,1991;Rajan,1992)。创新激励研究进一步表明,信贷市场有保守投资的内在倾向,银行更倾向进行短期常规投资,对于贷款给风险性创新项目的意愿并不强烈(Morck et al, 1999; Kim et al, 2016)。另一方面,Diamond、Benmelech、Baum 等认为,银行主导型的间接融资在储蓄动员、项目选择、监督管理、风险控制等方面都发挥着重要作用,更有助于促进创新(Diamond, 1984; Benmelech et al, 2009; Baum et al, 2011)。同时,银行等金融机构在处理与新创企业信息不对称方面相对来说更具优势,能够为企业提供更好的资金支持。Tee 等通过对东亚诸国的面板分析也发现,银行发展对专利申请有显著的正影响,但未发现股票市场发展对专利申请产生影响的证据(Tee et al, 2014)。此外,金融市场的流动性很可能会引起投资者的短视行为,投资者只关注股价波动,而不是积极地对企业进行监督(Cetorelli et al, 2001)。除以上两派观点外,还有很多学者提出动态最优金融结构理论。强调市场主导型和银行主导型金融结构都各有优劣,不能无条件地断言哪种更好。最优金融结构应由经济发展阶段和技术创新类型内生决定,并需随之不断动态演进,以满足不同发展阶段和异质创新的需要。并认为在远离世界技术前沿的要素驱动和低风险技术模仿阶段,银行主导的金融结构有利于创新和增长;而在接近前沿的高风险创新驱动阶段,市场主导的金融结构有利于创新和增长(Harris,1997;Allen et al,2000;Demirgüç-Kunt et al,2013;胡善成等,2019;千慧雄等,2020;龚强等,2014;林志帆等,2015;景光正等,2017;马微等,2018)。上述银行主导与市场主导角度的文献回顾可见,对于哪种金融结构更能促进创新,目前尚无定论。与银行主导派与市场主导派相比,最优金融结构理论并未笼统地、不加区别地谈创新,而是认识到创新的异质性和阶段性,进而深入考察了不同金融结构与异质创新的动态匹配问题,这一点很有启发意义。

第二，权益金融与债务金融角度。这一视角的文献大多从微观企业资本结构切入，深入探讨其对企业技术创新的具体影响。这类文献得出了两个比较一致的研究结论：首先，债务金融支持的是低风险稳健经营，不利于高风险创新发展。Long 等的研究发现，创新的数量和质量均与债务规模负相关（Long et al，1993）；Jordan 等发现，以创新战略为基础的公司债务水平最低，而那些追求成本领先战略的企业债务水平最低（Jordan et al，1998）。Sheehan 等指出，与融资优序理论相反，高科技企业偏爱权益融资，其次才是债务融资（Sheehan et al，2001）。O'Brien 的经验研究表明，对于将创新作为竞争基础的企业而言，维持低杠杆具有关键的战略意义，未能充分降低债务率会严重阻碍企业成功实施创新竞争战略的能力（O'Brien，2003）。Bhagat 等也发现，债务率上升会促使美国企业减少 R&D 投资（Bhagat et al，1995）。其次，权益金融有利于高风险创新发展。Aghion 等的研究表明，与不创新的企业相比，创新企业会更多地依赖债务和权益等外部融资（Aghion，2004）。然而，随着企业创新性增强，其对债务融资的依赖会降低，而对权益融资的依赖会增加。Muller 等发现，权益金融对创新企业的 R&D 密集度有着正向影响（Aghion et al，2009）。Hall 等指出，研发密集型企业的资本结构通常呈现出比其他企业低得多的杠杆率（Hall，2010）。Choi 等的研究指出，债务融资有利于既有知识的有效利用，而权益融资有利于新知识的探索，故资本结构的优化组合为平衡知识利用和知识探索提供了一个有效的治理机制（Choi et al，2016）。李汇东等利用中国上市公司数据进行的经验研究发现，内源融资和股权融资对公司的创新投资均存在显著的正面影响，而债权融资对公司创新的影响不明显（李汇东等，2013）。孙早等以中国战略性新兴产业 A 股上市公司的面板数据为样本，实证研究发现，内部融资和股权融资对企业自主创新有着显著的正面效应，而债权融资对企业自主创新具有抑制作用（孙早等，2016）。除上述基于企业资本结构微观视角的研究外，也有少量文献从宏观视角探讨了债务-权益金融结构的创新效应。如 Arestis 等、Kpodar 等研究发现，随着一个国家进入更高的创新发展阶段，股票市场对经济增长的重要性会越来越强，而银行体系的相对作用则不断下降（Arestis et al，2001；Kpodar et al，2011）。Hsuan 等与张岭研究发现，权益类金融渠道更有利于技术创新，而债务型金融扩张则会起抑制作用（Hsuan et al，2014；张岭，2020）。张一林等的研究表明，与银行相比,股权市场更适合支持技术创新;股权市场的良好运转是我国技术创新的关键(张一林等,2016)。由此可见,基于债务金融与权益金融视角的研究结论是基本一致的,普遍认为权益金融有利于研发创新,而债务金融与常规保守发展模式相联系,不利于研发创新。

通过上述研究梳理发现:首先,对于金融结构支持技术创新的研究,不仅有从宏观的市场主导型和银行主导型视角进行的分析,还有从微观的资本权益型和债务型企业视角展开的研究。但从风险-收益特征出发,将不同金融结构与异质创新相匹配,从而为创新提供良好金融支持的视角来看,相比市场主导型和银行主导型的金融结构分类,将金融结构划分为资本权益型和债务型更加合理,能够实现微观和宏观分析的统一,达成理论分析的逻辑一致性。

其次,从理论上看,债务型金融有利于远离前沿的低风险简单复制和技术模仿,不利于高风险准前沿、前沿创新,相反,权益型金融有利于前沿型高风险创新。但已有的很多理论和实证文献未对创新加以分类,而是不加区别地考察金融结构对笼统创新的线性影响,故对不同金融结构与异质创新的匹配性问题探究不足,更没能系统阐释和量化识别金融结构类型对技术创新不同阶段的差异化影响。这也是文献中产生诸多不一致研究结论的重要原因。

最后,现有金融结构的度量大多只考虑了银行信贷、债券和股票,却往往忽视了风险投资这一要素;技术创新的度量也多采用专利、研发强度、TFP等,难以全面反映创新的深层内涵,尤其是复制模仿和前沿创新的相对发展程度。本章的边际贡献在于应对上述问题,基于微观、宏观统一的债务和权益金融结构视角,理论阐释不同金融结构类型对技术模仿和前沿创新的动态不对称影响,并在特色数据的支持下客观全面地度量金融结构类型和异质创新的发展演变。然后借助面板分位数回归方法实证检验金融结构类型对异质创新的不对称影响关系。

本章接下来的安排如下:第二节理论分析了金融结构体制影响技术创新转型的内在机制,为后续的实证研究提供理论基础;第三节介绍了实证研究设计,包括数据来源、变量选择、模型构建等关键环节,以确保研究的科学性和严谨性;第四节进行经验评估,通过实证分析来验证理论假设,揭示金融结构与技术创新之间的实际联系;第五节呈现研究的主要结论,并进行深入讨论,以期对金融结构与技术创新的关系有更全面的理解;第六节进行本章小结。

第二节 金融结构驱动创新转型的理论机制

广义金融结构,指的是构成金融总体的各个组成部分的存在特征、分布情况、相对规模、相互关系与配合的状态。狭义金融结构,则通常根据直接融资和间接融资的发展状况,分为银行主导和金融市场主导两种类型。但相较于信息收集、风险管理、监管治理、甄选机制、交易费用、激励问题等方面,金融能支持创新的首要前提在于实现收益与风险的匹配,故从驱动创新的角度来看,应该从风险—收益特征的视角来划分金融结构。间接融资(银行主导型金融结构)展现出低风险、低收益的债务性金融的特征,而直接融资(市场主导型金融结构)则既包括努力降低风险的债券融资等债务型金融安排,也涵盖旨在通过承担高风险以获取高动态收益的风险资本、股市等资本权益型金融安排。然而,这种混合归类方式难以有效地分析不同金融结构对异质创新的影响。所以,从风险收益特征来看,应将债券和银行信贷归为一类,其余的归入另一类,也就是将金融结构划分为债务型(包括银行信贷、债券等)和资本权益型(包括内源融资、天使基金、PEVC、投资银行、股票市场等)。这样划分后,前者的风险收益特征均为低风险、低收益,而后者则均为高风险、高收益,这有助于我们深入研究不同金融结构是如何驱动各类创新的。

技术创新可以根据其与世界科技前沿的接近程度,大致分为远离前沿的技术模仿和准前沿、前沿的革命性创新[1]。由于技术模仿有先行者的实践作为参考,先验信息较为充分,因此未来的技术和市场风险较小,当然收益也相对较小;而前沿性创新意味着拓展世界技术前沿,没有先行者可供学习,先验信息有限甚至缺失,因此面临高风险或不确定性,但同时也可能带来潜在的高收益。此外,技术模仿型企业和前沿创新型企业在资产类型、破产成本、抵押品可得性、现

---

[1] 技术创新从最初级到最前沿,事实上是一个连续谱系:简单复制→创意模仿→准前沿创新→前沿突破→技术革命等。从左至右,先验信息逐渐减少,未来风险逐渐增高。为简化分析,将所有以学习已知为特征的低风险创新行为统称为"技术模仿",而将所有以探索未知为特征的高不确定性研发行为统称为"前沿创新",同时忽略它们各自内在的差异。

金流状况等方面存在显著差异,这导致他们对融资方式的需求也各不相同。本章将从微观企业的资本结构和国家或地区的宏观金融结构两方面,为金融结构与技术创新之间的关系提供一个统一的内在理论机制。

一、微观资本结构视角

基于微观企业的资本结构视角,下列原因使得债务融资有利于企业的技术模仿,却不利于企业前沿性创新;而企业的前沿创新则更需权益融资支持。

第一,降低破产风险和期望破产成本。传统技术模仿型企业常拥有高比例的有形资本(尤其是那些与通用技术相关联的财产和设备),因此其破产成本相对较低。而那些前沿创新企业的资产则大部分以无形资产(如知识、商誉和专用设备)的形式存在,这导致其破产成本较高,对既定的债务水平,这类企业的破产风险也相对更高(Aghion et al, 2004)。债务融资在违约或破产时可能引发债权人的恶意干预(Aghion et al, 1992),这会给职业经理人带来重大的个人成本。例如,当债权人试图挽回投资时,实际控制权可能会由经理转至债权人;破产也可能导致经理人薪酬大幅减少甚至被解雇[1]。如此一来,高债务率企业的经理为了最小化事后破产风险和期望破产成本,就会事前审慎地选择那些破产风险小的技术模仿项目,而不会去从事那些破产风险高的前沿创新项目。相反,权益融资占主导的企业,其经理不用担心破产风险,更可能进行高风险创新(Choi et al, 2016)。

第二,维持控制权与获取融资间的权衡。根据融资优序理论(Pecking Order Theory),为尽可能保留控制权,需要融资的企业会首先采用留存收益进行融资。随着企业融资需求规模的不断扩大,企业会优先进行债务融资,只有在借债仍不能满足其融资需要时,才会采纳权益融资。但从外部投资者角度来看,若企业内部有形资产较少,投资者会要求更多决策控制权,以满足事前参与约束。更具创新性的企业通常有着更大的资金需求和更少的有形资产,因此,只有通过让渡控

---

[1] Henderson 的研究显示,CEO 的总报酬在破产前两年就已开始下滑,并将在公司恢复成功前持续低于破产前的水平(Henderson, 2007);Ayotte 等则发现大约 70% 的 CEO 在公司破产后的两年内被替换(Ayotte et al, 2009);Gilson 的研究指出,因破产而失业的高管中,没有人在三年内在另一家上市公司找到新工作(Gilson, 1989)。

制权的方式(即权益融资)来赢得外部投资者的青睐,才能满足前沿创新项目大规模融资的需要(Aghion et al,2004)。相比之下,从事技术模仿的传统企业,由于留存收益较高、有形资产丰富以及资金需求量较小,债务融资就已足够满足其需求。

第三,抵押品缺乏和现金流无保证。前沿研发投资主要产生无形的知识资产,这些资产部分内嵌在人力资本中,或常常专用于其依存的特定企业,故很难在公开市场上有效交易,常常遭遇市场失灵,难以作为债务融资的有效抵押品(Hall et al,2010;Long et al,1985)。此外,债务融资通过结构化、可预见的现金流支付义务,对前沿创新过程施加了市场监管(Williamson,1988;David et al,2008)。而前沿新创企业要么面临稀缺和不稳定的内部现金流,要么需将有限的现金用于研发投资和新产品推广,同时,在研发投资和现金流实现之间往往存在相当长的时滞。这些情况导致债务型金融更愿意投资于抵押品丰富、能够产生稳定现金流的技术模仿项目,而难以支持抵押品缺乏、现金流无保证的前沿创新项目(O'Brien,2003;Brown et al,2012)。相反,权益融资不需要抵押物,也没有硬性地向投资者支付现金流的义务,这使得企业能够避免按期偿付的掣肘,专注于那些投资回报期长的准前沿、前沿创新项目。

二、宏观金融结构视角

基于国家或地区的宏观金融结构视角,下述原因解释了为何债务融资有利于国家或区域的技术模仿,却不利于准前沿、前沿创新;而国家或区域的前沿性创新则需要权益金融的驱动。从金融投资的角度来看,一个基本的金融学原理是:高风险必须匹配正相关的高收益(即风险溢价),以此吸引投资者进行投资。由于不同层次的技术创新蕴含着不同的风险与收益特征,因此所需的金融支持工具也必然有所差异。

技术模仿主要涉及利用自身的吸收能力学习已知技术,面对的是成熟技术、产业和市场,其收益虽不丰厚但风险较低。因此,以保本收息、低风险稳健审慎经营为特征的债务型金融,非常适宜为技术模仿提供资金支持。

相反,准前沿、前沿创新则意味着探索未知领域,面对的是未知技术、产业和市场。这类创新虽可能带来极高的收益,但也伴随着极大的失败风险。债务型金融,以其低风险固定收益索取权的特性,在这类创新成功时只能获得固定的本金和利息,无法分享高风险带来的高回报;而在其失败时,却可能面临本息无归的坏账风险(Stiglitz,1985)。此外,由于存在逆向选择难题,这一坏账风险往往无法通过简单地提高利率来有效缓解。这种只能"共苦"不能"同甘"的特性,使得债务融资在支持革命性前沿创新项目时显得力不从心。

总之,债务型金融的盈利模式决定了其努力降低风险以获取稳定回报的生存法则,而投资高风险、高收益的准前沿、前沿创新项目只会导致高风险低收益的结局,故其无法为这类创新提供资金支持。但以股权、剩余索取权为特征的资本权益性金融,可以通过少数企业成功的巨额收益来弥补多数企业投资失败的高额损失,从而实现了风险的横向分散,同时也为承担高风险回报了高收益,最适宜支持那些几乎没有抵押物,但增长更快、风险更高、盈利也更丰厚的前沿性创新项目。

综上,本章提出假说:债务金融发展有利于促进技术模仿型低水平创新,但会阻碍准前沿、前沿型高水平创新;权益金融发展有利于促进准前沿、前沿型高水平技术创新。

第三节 实证研究设计

一、面板分位数回归方法

OLS均值回归只能考查解释变量 x 对因变量 y 条件期望 $E(y|x)$ 的影响,但条件期望只是刻画条件分布 $y|x$ 集中趋势的一个指标,很多时候希望获得条件分布 $y|x$ 更丰富全面的信息。分位数回归(quantile regression)可以估计出 x 对 y 各个条件分位数的影响,深入刻画解释变量对不同水平因变量的动态不对称影响,从而更完整地识别因变量的条件分布 $y|x$。此外,由于分位数回归通过最小化残差绝对值的加权平均来实现,故其不像OLS那样易受极端值影响。对于本章研究的问题而言,要实证检验上面提出的理论假说,意味着要回答如下问题:随着因变量技术创新水平的提高(由复制、模仿进入准前沿、前沿创新),自变量

债务金融和权益金融的发展会如何动态地影响技术创新？这一问题可以恰当地借助分位数回归来进行实证解答。接下来，对分位数回归加以简要介绍。条件分布 $y|x$ 的总体 q 分位数 y_q 是 x 的函数，即 $y_q(x)$，称为条件分位数函数。对如下线性回归模型而言：

$$y = x'\beta + u$$
$$u = x'\alpha \cdot \varepsilon$$
$$\varepsilon \sim iid(0, \sigma^2)$$

则 $y_q(x) = x'\beta + x'\alpha F_\varepsilon^{-1}(q) = x'[\beta + \alpha F_\varepsilon^{-1}(q)]$，其中 $F_\varepsilon(\cdot)$ 为 ε 的累积分布函数。在下列两种情况下，$y_q(x)$ 是 x 的线性函数，即 $y_q(x) = x'\beta_q$：①若扰动项 u 满足同方差假定，即 $x'\alpha$ 为常数，则 $y_q(x)$ 的斜率不随 q 而变，只有截距项依赖于 q；②若扰动项 u 为乘积形式的异方差，则斜率和截距都随 q 而变。q 分位数回归系数 β_q 的估计量 $\hat{\beta}_q$ 可由以下最小化问题得到：

$$\min_{\beta_q} \sum_{i:y_i \geq x'\beta_q}^n q|y_i - x'_i\beta_q| + \sum_{i:y_i < x'\beta_q}^n (1-q)|y_i - x'_i\beta_q|$$

由于分位数回归的目标函数带有绝对值，不可微分，故通常使用线性规划方法来计算 $\hat{\beta}_q$。$\hat{\beta}_q$ 是 β_q 的一致估计，且服从渐近正态分布。对于 q 分位数回归，可使用准 R^2 度量其拟合优度：

$$quasiR^2 = 1 - \frac{\sum_{i:y_i \geq x'\hat{\beta}_q}^n q|y_i - x'\hat{\beta}_q| + \sum_{i:y_i < x'\hat{\beta}_q}^n (1-q)|y_i - x'\hat{\beta}_q|}{\sum_{i:y_i \geq \hat{y}_q}^n q|y_i - \hat{y}_q| + \sum_{i:y_i < \hat{y}_q}^n (1-q)|y_i - \hat{y}_q|}$$

其中，$\hat{y}_q$ 为样本 q 分位数。上式第二项的分子为 q 分位数回归目标函数的最小值，而分母为关于 $\hat{y}_q$ 的加权离差和。

以上为针对横截面数据的分位数回归方法，对于面板数据，Machado 等改进了固定效应分位数回归，并相应编写了名为 xtqreg 的 stata 命令（Machado et al, 2019），本章将采用他们提出的方法进行理论假说的实证检验。但限于篇幅，未在文中介绍这一方法。本章将基于如下线性回归模型进行固定效应面板分位数回归：

$$TEC_{it} = \beta_0 + \beta_1 \cdot DFP_{it} + \beta_2 \cdot EFP_{it} + X'_{it}\delta + \alpha_i + u_{it}$$

其中，i 表示省份，t 表示时间，α_i 为个体固定效应；TEC 为因变量技术创新，DFP 和 EFP 分别为债务金融和权益金融的发展状况，是本章的感兴趣变量——金融结构；u_{it} 为随机扰动项；X'_{it} 为控制变量矩阵。

二、变量测度与数据来源

1.技术创新

为客观全面地反映我国各省的区域创新能力,本章采用了《中国区域创新能力评价报告 2004-2018》中的创新能力综合指数,以此度量各省历年的技术创新水平,该年度报告反映的是两年前的真实创新情况。《中国区域创新能力评价报告》由中国科技发展战略研究小组和中国科学院大学中国创新创业管理研究中心联合发布,自 2001 年起持续更新。报告从知识创造、知识获取、企业创新、创新环境与管理、创新绩效等多个维度选取了约 140 项指标加权计算,得出创新能力指数,该指数具有高度的权威性、综合性和连续性。鉴于准前沿、前沿创新与技术模仿之间的严格区分存在难度,本章假定:创新能力综合指数的数值越高,代表准前沿、前沿创新的比重越大,相应地,技术模仿的比重则越小;反之亦然。此指标将作为基础回归的依据,下文还将构建两个额外的创新指标,以进行稳健性检验。

2.金融结构

为客观反映我国各省债务金融和权益金融的相对发展状况,本章借鉴了杨俊等的度量方法,将来自 Wind 资讯和中国人民银行官网的历年各地区社会融资规模增量统计数据划分为债务金融和权益金融两类[1],其中,债务性金融涵盖人民币贷款、外币贷款(折合人民币)、委托贷款、信托贷款、未贴现银行承兑汇票及企业债券,而余下的非金融企业境内股票融资为权益性金融(杨俊等,2012)。此外,为了更全面地反映各省权益金融的发展态势,还从 Wind 资讯的 PEVC 库搜集了各省历年私募和风险资本的投资额数据[2]。最终,各地区债务

---

[1] 地区社会融资规模增量是指一定时期内、一定区域内实体经济(非金融企业和住户)从金融体系获得的资金总额。

[2] Wind 资讯中国 PEVC 库的数据源包括:a.清科、投中、IT 桔子等网站;b.上市公司招股说明书以及并购事件公告;c.PEVC 机构官网。以上数据源基本能够完整覆盖我国创业风险投资的情况。PEVC 反映的是公开发行之前的股权融资数据,包括天使投资、私募和风险资本等融资方式;而地区社会融资规模中的"非金融企业境内股票融资"(由中国人民银行发布)反映的是 IPO 以及之后的股权融资情况。将两者相结合能够更完整、准确地反映我国各地区的股权融资状况。

金融（DFP）和权益金融（EFP）相对发展状况的计算公式为[1]：

$$DFP = 债务性金融融资规模增量/GDP$$

$$EFP = (非金融企业境内股票融资规模增量 + PEVC)/GDP$$

3.控制变量

根据一系列研究创新影响因素的文献（Swann，2014；Moser，2013；Meierrieks，2014；Draghicia et al，2014；Baesu et al，2015；Erdal et al，2015）本章从基础设施、市场化、开放、物质资本、人力资本、制度保护等方面选取了9个变量作为控制变量纳入回归模型，尽可能地使得扰动项条件均值独立于感兴趣变量的假设得以满足，避免遗漏变量导致的内生性偏差，从而得到感兴趣变量回归系数的一致估计。简洁起见，通过表3-1集中反映了包括这些控制变量在内的所有变量的测度指标与数据来源。

表3-1 变量测度与数据来源

变量类型	变量名称	代码	测度指标	数据来源
因变量：技术创新	技术创新水平	TEC	创新能力综合指数	中国区域创新能力评价报告
	创新追赶指数	ICI	见62页公式	WIPO 国家知识产权局 专利统计年报
	创新与模仿之比	ITI	PCT/国内三种专利之和（申请数）	中国统计年鉴 国家知识产权局 专利统计年报
感兴趣变量：金融结构	债务性金融比例	DFP	（债券+贷款）/GDP	Wind资讯 中国人民银行
	权益性金融比例	EFP	（股票+PEVC）/GDP	

---

[1] 结构的含义一般指部分占总体的份额，故本章应该用社会融资规模增量总额与PEVC之和做分母，但这样做的话，为避免完全多重共线性，就只能在债务金融和权益金融两者中引入其中之一，无法同时反映债务和权益金融发展对创新的影响，所以本章采用了GDP作为分母，就可以同时将二者放入以考察它们的创新效应。由于分母是相同的，也可以达到反映金融结构相对发展状况的目的。

(续表)

变量类型	变量名称	代码	测度指标	数据来源
控制变量	交通基础设施	COM	公路与铁路里程密度之和	中国统计年鉴
	外商直接投资	FDI	实际利用 FDI/GDP	各省统计年鉴和统计公报
	互联网普及	NET	上网人数/常住人口数	国研网
	知识产权保护	IPP	专利纠纷结案率	中国知识产权年鉴
	研发经费投入强度	RDI	R&D 经费内部支出/GDP	中国科技统计年鉴
	人力资本	HCA	平均受教育年限	中国统计年鉴
	固定资产投资	FAI	全社会固定资产投资/GDP	
	市场化程度	MAR	四项指标算术平均	Wind 资讯 中经网 国研网 中国劳动统计年鉴
	对外开放度	OPE	进出口贸易额/GDP	中国统计年鉴

注：因变量中，*TEC* 用于基础回归，*ICI* 和 *ITI* 用于稳健性检验。

其中，WIPO 是世界知识产权组织的英文缩写。交通基础设施 *COM* =（公路里程+铁路里程）/地区年末人口数；专利纠纷结案率=（侵权纠纷累计结案数+其他纠纷累计结案数）/（侵权纠纷累计立案数+其他纠纷累计立案数）；人力资本 $HCA = 6 \cdot Prime + 9 \cdot Middle + 12 \cdot High + 16 \cdot University$，其中 *Prime*、*Middle*、*High* 和 *University* 分别表示小学、初中、高中和大专以上文化程度教育人数占 6 岁以上总人口的比重；市场化程度由以下四项指标算术平均得到：国企固定资产投资占全社会固定资产投资完成额的比重、国有单位就业人员占全部就业人员比重、国有及国有控股工业企业主营业务收入占规模以上工业企业主营业务收入比重以及公共管理与社会组织就业人员数占总人数比重。

三、变量描述性统计

本章选取了中国除港澳台以外的其余 31 个省级行政区作为研究横截面；时间跨度为 2002—2016 年，原因在于各省 PCT 国际专利数据只可获得 2002 年及以后的，同时，PCT 专利及区域创新能力综合指数的最新数据也仅更新至 2016 年。表 3-2 报告了本章涉及的所有变量的面板总体（Overall）基本统计信息。

表 3-2 变量描述性统计

变量	样本数	均值	标准差	最小值	最大值	中位数	偏度	峰度
TEC	465	28.834	10.696	12.450	59.550	25.960	1.225	3.564
ITI	465	0.005	0.007	0.000	0.078	0.003	4.947	34.625
ICI	465	0.048	0.203	0.000	3.159	0.005	10.113	134.427
DFP	465	0.207	0.130	0.021	1.238	0.178	2.805	15.818
EFP	465	0.013	0.024	0.000	0.293	0.006	5.817	52.026
COM	465	36.009	35.825	3.820	250.400	26.051	3.390	16.608
MAR	465	0.225	0.085	0.074	0.481	0.221	0.259	2.261
NET	465	0.283	0.197	0.012	0.778	0.270	0.383	2.093
FAI	465	0.631	0.236	0.240	1.386	0.609	0.593	2.858
OPE	465	0.314	0.390	0.030	1.720	0.130	1.993	6.070
HCA	465	8.453	1.217	3.740	12.300	8.470	−0.546	5.690
IPP	465	0.840	0.104	0.474	1.124	0.845	−0.576	3.779
RDI	465	0.013	0.010	0.001	0.060	0.010	2.422	10.245
FDI	465	0.025	0.021	0.000	0.147	0.018	1.442	5.579

从 TEC、ITI 和 ICI 三个创新指标来看,创新水平在不同时间和个体之间存在较大差异。这一方面表明我国整体创新水平提高较快,另一方面也显示出我国各地区在创新领域的先进程度上存在显著差异,因此,对支持创新的金融结构有着动态演进的多样化需求。从 DFP 和 EFP 反映的金融结构来看,我国债务金融的发展规模要远大于权益金融,这势必对我国的创新转型产生重要影响。接下来,将根据理论阐释和实证设计,利用这些数据展开规范的计量分析。

第四节 计量分析结果

一、基础回归结果

1.混合分位数回归

在上一部分介绍技术创新的度量时,已指出:创新能力指数的数值越大,意味着其中包含的前沿创新和准前沿创新成分越多,而技术模仿的比例则越少;反之,如果创新统计指标的数值较低,那就表明技术模仿的比例较高,而前沿和准前沿创新较少。因此,结合理论分析和实证设计,可以将理论假说的实证检验总结为:随着技术创新条件分位数 q 的不断提高,债务金融的 q 分位数回归系数会由正变负,而权益金融的 q 分位数回归系数则会由不显著变为正。在进行正式的面板分位数回归分析之前,首先把本章的面板数据视作混合截面数据进行了分位数回归,以获得初步的实证结论。连续分位数回归系数及其置信区间如图3-1所示。

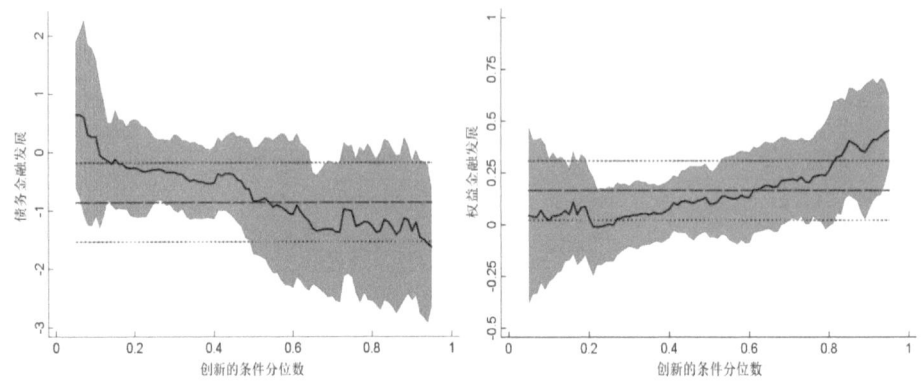

图 3-1　金融结构的连续分位数回归系数及其置信区间

注:图形是把面板数据当作横截面数据进行混合分位数回归得到的,因变量为 TEC,感兴趣变量为 DFP 和 EFP,回归中包括了表 3-1 中的所有控制变量;中间的横虚线为 OLS 回归系数,上下两条横虚线为 OLS 估计的 95%置信区间;实曲线为各分位点下金融发展对技术创新的分位数回归系数,阴影部分为对应的 95%置信区间。

从图 3-1 可看出,债务金融的 OLS 回归系数在 5%的显著性水平下显著为负,而权益金融的 OLS 回归系数在 5%的显著性水平下显著为正。但这二者都是固定数值,因而无法反映金融结构对创新条件分布的不对称影响。而分位数回归显示,随着技术创新条件分位数的不断增加,债务金融的分位数回归系数由正逐渐下降为负,而权益金融的分位数回归系数则持续正向增长。这表明,在创新水平较低的情况下,随着创新水平提升,债务金融发展对创新的促进作用会减弱;当创新水平达到一定程度后,债务金融对创新的作用会发生结构转折——由推动转变为阻碍,且这一阻碍效应会随着创新水平进一步上升而愈发严重。相反,随着创新水平提升,权益金融发展对创新的促进作用愈发明显。

简而言之,债务金融有利于促进低水平技术模仿,但会阻碍高水平准前沿、前沿创新,而权益金融发展则有利于准前沿、前沿创新。这初步验证了本章提出的理论假说。然而,这里也存在两个问题:首先,混合分位数回归忽略了面板数据可能存在的个体效应;其次,根据图3-1所示,分位数回归系数的95%置信区间在大量的分位点上都包含了0,这意味着在5%的显著性水平下,大部分的混合分位数回归系数并不显著。基于此,接下来将采用固定效应面板分位数回归模型,以进行更深入、更规范的实证分析。

2.固定效应面板分位数回归

鉴于面板数据可能存在个体效应,若忽视这一点,将会影响估计结果的准确性。为了深入探究,运用Machado等提出的面板数据固定效应分位数回归方法进行进一步的实证检验(Machado et al, 2019)。为了对比,首先采用固定效应模型进行了估计,结果列示在表3-3模型(1)中;随后,选择了从0.1至0.9(间隔0.1)的分位点进行了面板固定效应分位数回归,结果列示在表3-3模型(2)~(10)中。

表3-3 固定效应面板分位数回归

TEC	(1) FE	(2) 0.1	(3) 0.2	(4) 0.3	(5) 0.4	(6) 0.5	(7) 0.6	(8) 0.7	(9) 0.8	(10) 0.9
DFP	0.038 (0.547)	0.056** (0.046)	0.050** (0.041)	0.044** (0.032)	0.041* (0.054)	0.022 (0.126)	-0.027* (0.061)	-0.030** (0.036)	-0.034** (0.013)	-0.037*** (0.008)
EFP	0.427* (0.090)	0.032 (0.954)	0.146 (0.750)	0.234 (0.547)	0.317 (0.333)	0.391* (0.082)	0.510** (0.026)	0.590** (0.018)	0.723*** (0.005)	0.869*** (0.003)
COM	0.002** (0.019)	0.003** (0.014)	0.003*** (0.003)	0.002*** (0.001)	0.002** (0.004)	0.002* (0.032)	0.002* (0.086)	0.002 (0.183)	0.002 (0.304)	0.001 (0.460)
MAR	-0.196 (0.525)	-0.063 (0.858)	-0.107 (0.681)	-0.147 (0.506)	-0.171 (0.456)	-0.207 (0.463)	-0.229 (0.487)	-0.254 (0.516)	-0.280 (0.544)	-0.315 (0.573)
NET	-0.549*** (0.000)	-0.568*** (0.000)	-0.562*** (0.000)	-0.556*** (0.000)	-0.553*** (0.000)	-0.548*** (0.000)	-0.545*** (0.000)	-0.541*** (0.001)	-0.538*** (0.005)	-0.533** (0.021)
FAI	0.093 (0.148)	0.103 (0.206)	0.099* (0.097)	0.096* (0.058)	0.095* (0.074)	0.092 (0.158)	0.090 (0.235)	0.088 (0.327)	0.086 (0.417)	0.084 (0.515)
OPE	-0.085 (0.124)	-0.043 (0.588)	-0.057 (0.330)	-0.070 (0.159)	-0.077 (0.132)	-0.089 (0.159)	-0.096 (0.193)	-0.104 (0.235)	-0.112 (0.276)	-0.123 (0.323)
HCA	0.040** (0.029)	0.037 (0.281)	0.038 (0.132)	0.039* (0.069)	0.040* (0.076)	0.040 (0.139)	0.041 (0.200)	0.042 (0.273)	0.042 (0.345)	0.043 (0.426)
IPP	-0.322*** (0.002)	-0.293** (0.040)	-0.303*** (0.004)	-0.312*** (0.001)	-0.317*** (0.001)	-0.324*** (0.005)	-0.329** (0.014)	-0.335** (0.036)	-0.340* (0.070)	-0.348 (0.126)

(续表)

TEC	(1) FE	(2) 0.1	(3) 0.2	(4) 0.3	(5) 0.4	(6) 0.5	(7) 0.6	(8) 0.7	(9) 0.8	(10) 0.9
RDI	6.274 (0.147)	9.734** (0.015)	8.594*** (0.004)	7.548*** (0.003)	6.921*** (0.008)	5.992* (0.061)	5.416 (0.148)	4.766 (0.283)	4.080 (0.436)	3.186 (0.615)
FDI	−0.009 (0.193)	−0.009 (0.312)	−0.009 (0.172)	−0.009 (0.110)	−0.009 (0.125)	−0.009 (0.213)	−0.009 (0.287)	−0.009 (0.371)	−0.009 (0.450)	−0.009 (0.533)
C	3.264*** (0.000)	−	−	−	−	−	−	−	−	−
样本量	465	465	465	465	465	465	465	465	465	465
R²	0.198	−	−	−	−	−	−	−	−	−
F	5.907***									

注：* $p<0.1$，** $p<0.05$，*** $p<0.01$；括号内为 P 值，模型(1)采用省份聚类稳健标准误计算，其他为普通标准误计算；所有模型只控制了省份效应，未控制时间效应。

根据表 3-3 模型(1)的固定效应回归结果，DFP 和 EFP 的 OLS 回归系数在 5%的显著性水平上均不显著，表明债务金融发展和权益金融发展对创新的条件期望均没有显著影响。然而，需要注意的是，条件期望仅仅是一个概括性指标，它反映了技术创新条件分布的集中趋势，却难以揭示整个条件分布的具体细节和全貌。因此，进行面板分位数回归显得尤为重要，这样能够更细致地刻画债务金融和权益金融对技术创新各个条件分位数的影响，进而能够更客观、全面地了解金融结构演变对不同技术创新水平的差异化影响。表 3-3 模型(2)~(10)的面板固定效应分位数回归结果显示：随着技术创新条件分位数由 0.1 增加到 0.9，债务金融 DFP 的分位数回归系数呈现出由大变小，甚至发生了由正转负的结构性变化，而权益金融 EFP 的分位数回归系数则从不显著逐渐增大并变为正值。

二、稳健性检验

基础回归中采用的创新能力综合指数能够很好地反映技术创新水平的高低，但可能无法精确地描绘各省在前沿性创新和技术模仿方面的相对状况。然而，这一描绘对于验证本章的理论假说而言至关重要。为进一步反映因变量技术创新的发展阶段，并全面刻画各省在创新和模仿上的相对发展状况，这里额外构造了两个指标用以反映创新前沿程度的演变，从而检验基础回归结论的稳健性。

1.创新追赶指数

借鉴 Woo 测度经济追赶指数的思路(Woo,2012),以专利合作条约(Patent Cooperation Treaty,PCT)下的国际专利申请数据为基础,构建了中国各省的创新追赶指数 ICI,以反映中国各省历年技术创新水平与世界技术前沿的距离演变,计算方法如下:

$$ICI_{it} = \frac{(PCT_{it}/POP_{it})_{PRC}}{(PCT_t/POP_t)_{USA}}$$

i 为省份,t 为年份,POP 为人口数,故中国 i 省第 t 年的 ICI_{it} 等于其人均 PCT 专利申请数除以美国当年的人均 PCT 专利申请数。ICI 值越大,表示该省越接近世界技术前沿,进行了更多的准前沿、前沿创新,技术模仿则较少;反之亦然。以 ICI 为因变量的固定效应面板分位数回归结果详见表 3-4。

表 3-4 基础回归的稳健性检验(一)

ICI	(1) FE	(2) 0.1	(3) 0.2	(4) 0.3	(5) 0.4	(6) 0.5	(7) 0.6	(8) 0.7	(9) 0.8	(10) 0.9
DFP	0.027 (0.672)	0.023*** (0.006)	0.018** (0.018)	0.013** (0.027)	0.008 (0.198)	-0.001 (0.299)	-0.030* (0.091)	-0.040** (0.047)	-0.051** (0.049)	-0.070** (0.026)
EFP	0.353* (0.083)	-0.886 (0.292)	-0.476 (0.382)	0.266 (0.191)	0.055 (0.299)	0.202* (0.078)	0.508** (0.037)	0.914** (0.045)	1.417** (0.043)	2.229*** (0.008)
COM	-0.001 (0.365)	-0.002 (0.982)	-0.001 (0.941)	-0.001 (0.955)	-0.003 (0.983)	-0.001 (0.992)	-0.001 (0.996)	-0.003 (0.999)	0.002 (1.000)	0.001 (0.998)
MAR	-0.144 (0.587)	0.249 (0.988)	0.119 (0.976)	0.053 (0.991)	-0.014 (0.999)	-0.096 (0.996)	-0.193 (0.995)	-0.321 (0.994)	-0.481 (0.993)	-0.738 (0.993)
NET	0.234 (0.155)	0.497 (0.959)	0.410 (0.865)	0.366 (0.896)	0.321 (0.961)	0.266 (0.981)	0.201 (0.991)	0.115 (0.996)	0.009 (1.000)	-0.164 (0.997)
FAI	-0.384 (0.121)	-0.347 (0.961)	-0.359 (0.839)	-0.365 (0.858)	-0.372 (0.938)	-0.379 (0.964)	-0.388 (0.975)	-0.401 (0.983)	-0.415 (0.987)	-0.440 (0.990)
OPE	-0.554* (0.055)	-0.036 (0.998)	-0.207 (0.944)	-0.295 (0.931)	-0.383 (0.962)	-0.491 (0.972)	-0.619 (0.976)	-0.789 (0.979)	-1.000 (0.981)	-1.340 (0.983)
HCA	0.087 (0.252)	0.041 (0.985)	0.056 (0.917)	0.064 (0.918)	0.072 (0.961)	0.082 (0.974)	0.093 (0.981)	0.109 (0.985)	0.127 (0.987)	0.158 (0.989)
IPP	-0.249 (0.250)	-0.061 (0.993)	-0.123 (0.940)	-0.155 (0.935)	-0.187 (0.966)	-0.226 (0.977)	-0.272 (0.981)	-0.334 (0.984)	-0.410 (0.986)	-0.532 (0.987)
RDI	1.259 (0.808)	4.184 (0.988)	3.217 (0.962)	2.722 (0.972)	2.223 (0.990)	1.617 (0.996)	0.894 (0.998)	-0.066 (1.000)	-1.252 (0.999)	-3.170 (0.998)
FDI	0.015 (0.341)	0.014 (0.978)	0.014 (0.910)	0.015 (0.920)	0.015 (0.965)	0.015 (0.979)	0.015 (0.986)	0.016 (0.990)	0.017 (0.992)	0.018 (0.994)

(续表)

ICI	(1) FE	(2) 0.1	(3) 0.2	(4) 0.3	(5) 0.4	(6) 0.5	(7) 0.6	(8) 0.7	(9) 0.8	(10) 0.9
C	−0.140 (0.592)	—	—	—	—	—	—	—	—	—
样本量	465	465	465	465	465	465	465	465	465	465
R^2	0.317									
F	3.068***									

注：* $p<0.1$，** $p<0.05$，*** $p<0.01$；括号内为 P 值，模型(1)采用省份聚类稳健标准误计算，其他为普通标准误计算；所有模型只控制了省份效应，未控制时间效应。

从表 3-4 模型(1)的固定效应回归结果来看，*DFP* 和 *EFP* 的 OLS 回归系数在 5% 的显著性水平上仍然都不显著；但由表 3-4 模型(2)~(10)可见，随着技术创新条件分位数上升，债务金融 *DFP* 和权益金融 *EFP* 的分位数回归系数呈现出与基础回归结果相同的趋势，表明基础回归结论具有一定的稳健性。

2. 创新与模仿之比

用各省 PCT 国际专利申请数与国内三种专利申请数之比来度量各省技术创新的前沿程度，即 $ITI_{it} = PCT_{it}/$国内三种专利之和。国内三种专利指发明专利、实用新型和外观设计，与前沿 PCT 国际专利相比，它们更多地反映了技术模仿的成果。故该比值越高的省份表明其更多地从事了准前沿、前沿创新，更少地进行技术模仿。以 ITI 为因变量的固定效应面板分位数回归结果列示在表 3-5 中。

表 3-5 基础回归的稳健性检验(二)

ITI	(1) FE	(2) 0.1	(3) 0.2	(4) 0.3	(5) 0.4	(6) 0.5	(7) 0.6	(8) 0.7	(9) 0.8	(10) 0.9
DFP	−0.073 (0.731)	0.431*** (0.007)	0.333** (0.019)	0.258** (0.038)	0.188 (0.122)	−0.105 (0.174)	−0.014* (0.098)	−0.086** (0.049)	−0.211** (0.038)	−0.415*** (0.009)
EFP	2.380** (0.038)	−0.611 (0.665)	0.200 (0.470)	0.830 (0.182)	1.421* (0.093)	2.115** (0.044)	2.876** (0.032)	3.712** (0.036)	4.754** (0.025)	6.462*** (0.006)
COM	0.002 (0.351)	0.001 (0.925)	0.002 (0.766)	0.002 (0.743)	0.002 (0.860)	0.002 (0.906)	0.003 (0.928)	0.003 (0.940)	0.003 (0.948)	0.004 (0.956)
MAR	−0.525 (0.549)	0.452 (0.901)	0.187 (0.895)	−0.019 (0.990)	−0.212 (0.945)	−0.438 (0.932)	−0.686 (0.927)	−0.959 (0.924)	−1.300 (0.922)	−1.857 (0.920)
NET	1.052* (0.058)	1.796 (0.365)	1.594** (0.039)	1.437* (0.073)	1.290 (0.439)	1.118 (0.690)	0.929 (0.820)	0.721 (0.896)	0.462 (0.949)	0.037 (0.997)
FAI	−1.237*** (0.009)	−1.104 (0.367)	−1.140** (0.017)	−1.168** (0.018)	−1.194 (0.246)	−1.225 (0.480)	−1.259 (0.617)	−1.296 (0.703)	−1.343 (0.765)	−1.419 (0.821)
OPE	−1.316** (0.021)	−0.472 (0.817)	−0.701 (0.380)	−0.878 (0.288)	−1.045 (0.542)	−1.241 (0.667)	−1.455 (0.729)	−1.691 (0.765)	−1.985 (0.790)	−2.467 (0.814)

（续表）

ITI	(1) FE	(2) 0.1	(3) 0.2	(4) 0.3	(5) 0.4	(6) 0.5	(7) 0.6	(8) 0.7	(9) 0.8	(10) 0.9
HCA	0.038 (0.771)	-0.006 (0.990)	0.006 (0.971)	0.015 (0.931)	0.024 (0.948)	0.034 (0.956)	0.045 (0.960)	0.057 (0.962)	0.072 (0.964)	0.096 (0.965)
IPP	-0.872* (0.069)	-0.353 (0.817)	-0.494 (0.405)	-0.603 (0.327)	-0.705 (0.582)	-0.826 (0.702)	-0.958 (0.760)	-1.103 (0.794)	-1.283 (0.818)	-1.579 (0.840)
RDI	6.583 (0.514)	-6.390 (0.910)	-2.870 (0.896)	-0.141 (0.995)	2.424 (0.959)	5.434 (0.946)	8.732 (0.940)	12.358 (0.937)	16.880 (0.935)	24.283 (0.933)
FDI	0.015 (0.674)	0.003 (0.983)	0.006 (0.902)	0.009 (0.866)	0.011 (0.917)	0.014 (0.938)	0.017 (0.948)	0.021 (0.953)	0.025 (0.957)	0.032 (0.961)
C	1.672* (0.061)	—	—	—	—	—	—	—	—	—
样本量	465	465	465	465	465	465	465	465	465	465
R^2	0.301	—	—	—	—	—	—	—	—	—
F	2.976***	—	—	—	—	—	—	—	—	—

注：* $p<0.1$，** $p<0.05$，*** $p<0.01$；括号内为 P 值；模型（1）采用省份聚类稳健标准误计算，其他为普通标准误计算；所有模型只控制了省份效应，未控制时间效应。

从表 3-5 模型（1）的 FE 回归结果来看，DFP 的 OLS 回归系数在 5%的显著性水平上仍然不显著，而 EFP 的 OLS 回归系数在 5%的显著性水平上为正。由表 3-5 模型（2）~（10）可见，随着技术创新条件分位数上升，债务金融 DFP 和权益金融 EFP 的分位数回归系数也呈现出与基础回归结果相同的模式，再次表明本章的基础回归结论具有良好的稳健性。

三、内生性问题处理

本章前述实证研究也有意识地应对了一些内生性问题，如通过精心挑选控制变量以避免遗漏变量引起的内生性；同时控制省份固定效应以解决不随时间而变但随个体而变的遗漏变量问题；并且选择面板分位数模型以考察金融结构对技术创新整个条件分布的影响，避免了均值回归的偏颇和模型误设引起的内生性。这里，又新增了以下两方面的内容用于进行内生性问题的处理。

1.增加控制变量

控制变量的作用在于使扰动项条件均值独立于感兴趣变量的假设得以满足，从而得到感兴趣变量回归系数的无偏一致估计。这里依次增加了三个额外的控制变量，以考察基础回归部分的控制变量是否已解决了遗漏变量引起的内生性问题。新增变量的详细信息显示在表3-6中。相应分位数回归结果列示在表3-7的Panel A、Panel B和Panel C中。

表3-6 新增控制变量的测度与数据来源

变量类型	变量名称	代码	测度指标	数据来源
新增控制变量	科研人才投入	RDR	R&D人员全时当量/总人口	中国科技统计年鉴
	企业家精神	ENT	私营企业和个体劳动者就业人员占比	中经网 各省统计年鉴
	公共文化环境	CSL	每万人拥有公共藏书量	中国文化文物统计年鉴

2.加入时间固定效应

在表3-7 Panel C的基础上新加入了时间虚拟变量,以解决不随个体而变但随时间而变的时间固定效应引起的遗漏变量内生性偏差。相应分位数回归结果列示在表3-7的Panel D中。

表3-7 内生性处理结果

分位数	(1) 0.1	(2) 0.2	(3) 0.3	(4) 0.4	(5) 0.5	(6) 0.6	(7) 0.7	(8) 0.8	(9) 0.9
Panel A									
DFP	0.035** (0.027)	0.027** (0.032)	0.020** (0.041)	0.016* (0.056)	0.010 (0.155)	−0.013 (0.159)	−0.017* (0.081)	−0.023** (0.037)	−0.031*** (0.007)
EFP	−0.026 (0.762)	0.141 (0.593)	0.225 (0.328)	0.312 (0.125)	0.385* (0.096)	0.490* (0.056)	0.582** (0.043)	0.702** (0.037)	0.865*** (0.008)
Panel B									
DFP	0.038** (0.036)	0.031** (0.041)	0.027* (0.065)	0.023* (0.073)	0.018 (0.168)	0.015 (0.144)	−0.012 (0.057)	−0.018** (0.043)	−0.029*** (0.005)
EFP	−0.04 (0.898)	0.097 (0.694)	0.189 (0.375)	0.272 (0.154)	0.365** (0.042)	0.489** (0.012)	0.591*** (0.007)	0.710*** (0.007)	0.885*** (0.011)
Panel C									
DFP	0.038** (0.039)	0.031** (0.027)	0.027* (0.049)	0.024* (0.065)	0.020 (0.162)	−0.015 (0.074)	−0.019* (0.086)	−0.027** (0.047)	−0.036** (0.039)
EFP	0.021 (0.948)	0.145 (0.574)	0.225 (0.316)	0.296 (0.139)	0.388** (0.034)	0.498*** (0.008)	0.600*** (0.005)	0.714*** (0.006)	0.880*** (0.009)
Panel D									
DFP	0.036* (0.053)	0.031* (0.048)	0.024* (0.042)	0.015* (0.059)	0.012 (0.176)	−0.017 (0.128)	−0.021* (0.085)	−0.027** (0.023)	−0.044** (0.043)
EFP	−0.271 (0.466)	−0.153 (0.382)	0.121 (0.343)	0.136 (0.221)	0.142** (0.037)	0.235** (0.049)	0.294** (0.045)	0.366** (0.040)	0.582*** (0.007)

注：*$p<0.1$，**$p<0.05$，***$p<0.01$；括号内为 P 值，均为普通标准误计算；Panel A 中控制变量包含表 3-1 中的所有控制变量和表 3-6 中的 *RDR*；Panel B 中控制变量包含表 3-1 中的所有控制变量以及表 3-6 中的 *RDR* 和 *ENT*；Panel C 和 Panel D 中控制变量包含表 3-1 中的所有控制变量以及表 3-6 中的 *RDR*、*ENT* 和 *CSL*；Panel A、Panel B 和 Panel C 只控制了省份效应，未控制时间效应；Panel D 同时控制了省份效应和时间效应；回归样本为 465 个全样本。

由表 3-7 的 Panel A—Panel C 可见，与基础回归结果对比，依次加入 *RDR*、*ENT* 和 *CSL* 这三个额外控制变量后，*DFP* 和 *EFP* 各个分位数回归系数的大小、符号、显著性均未发生明显的变化，且呈现出与基础回归相同的变化模式，表明基础回归的设定已满足了扰动项条件均值独立于感兴趣变量的假设，较好地解决了遗漏变量内生性偏差，回归结果具有可靠性。由表 3-7 的 Panel D 可见，当加入时间虚拟变量，控制了时间固定效应以后，基础回归结果的结论依然成立，进一步表明本章结论的可靠性。

综合来看，本章较好地应对了遗漏可观测变量和不可观测因素（双向固定效应）引起的内生性问题，也并对模型误设问题作出了一定的处理。受数据和方法所限，对于其他潜在的内生性原因（如反向因果、测量误差、标准误选择不当等），本章未能采用面板分位数 IV 方法、随机控制实验或稳健标准误等手段进行解决。未来在数据和方法允许的情况下，可通过优化实证研究设计来进一步处理这些问题。

四、实证结论及其解释

综合基础回归、稳健性检验及内生性处理的实证结果，本章发现：随着技术创新条件分位数的递增，债务金融的分位数回归系数逐渐由正转负，呈现下降趋势；而权益金融的分位数回归系数则从 0 开始持续增大。这一实证结论揭示了以下经济关系：在创新水平较低的阶段（此时创新主要以技术复制、模仿为主，准前沿、前沿创新较少），债务金融对技术创新具有促进作用，但这种促进作用会随着创新水平的提升（技术模仿空间缩小，准前沿、前沿创新增多）而减弱。当创新水平达到某一阈值（大致对应于各创新统计指标的中位数）后，技术模仿的重要性降低，经济进入前沿性创新主导阶段。在这一阶段，债务金融对技术创新的作用发生非线性结构转变，由促进变为阻碍，且这种阻碍效应随着高水平创新的进一步推进（逐渐接近世界技术前沿，前沿性创新比重增加，技术模仿占比减少）而加剧。相比之下，在高水平创新阶段，即准前沿、前沿创新研发项目增多、技术模仿减少时,权益金融对创新的促进作用更为显著;而在低水平创新阶段,权益金融对创新则无显著促进作用,且在任何创新阶段均未表现出阻碍作用。

简而言之,本章实证结果表明:债务金融的发展有利于推动简单复制、技术模仿型的低水平创新,但会抑制准前沿、前沿突破型的高水平创新;而权益金融的发展则对推动准前沿、前沿研发型创新具有积极作用,对复制模仿型的低水平创新则无显著影响。

理论分析部分提出的假说得到了经验研究的证实。根据前文的理论分析,技术模仿阶段的特征是低风险—低收益、有形资本占比较高,抵押品资源充裕,现金流稳定,且破产成本与风险相对较低。在这一阶段,以追求固定收益索取权、稳健审慎经营为生存法则的债务金融可以为这类创新提供金融支持;而在准前沿及前沿创新的经济发展阶段,特征转变为高风险、高收益,有形资本占比降低,抵押品资源受限,现金流变得不稳定,同时破产成本和风险显著上升。此时,以按期收回本息、低风险经营为生存法则的债务金融难以为这类创新提供金融支持,唯有那些愿意承担高风险以追求动态高收益的权益金融安排,方能为此类项目提供必要的资金支持。

第五节 结论与讨论

随着我国经济由高速增长向高质量发展阶段转型,知识将替代传统生产要素,成为新时代的经济发展的基础,经济管理的重心也将由传统"硬"资产(如自然资源、物质资本、非熟练劳动力等)管理和既存知识分享演变为新知识创造。未来无疑属于持续革新知识者,技术创新作为关键竞争资源,受到了重点关注。然而,技术创新的发生机制异常复杂。本章着重探讨了金融结构在创新演进中的动态作用。理论与实证研究表明,金融结构对创新的影响会随着创新阶段转换而发生动态演变。具体来讲,在越远离创新前沿的低水平技术模仿阶段,债务金融对技术进步的促进作用越大,而权益金融的创新效应越不显著;在越趋近技术边界的高水平准前沿、前沿创新阶段,债务金融对创新的阻碍作用越大,而权益金融的创新促进效应越大。这一研究结论对思考何种金融结构更有利于不断增强现代金融服务科技创新和实体经济的能力,以及如何通过金融变革来驱动创新结构转型,具有的启发意义。

首先,多元化的金融机构有利于满足异质性的金融需求,因此,每一种金融安排都有其存在的必要性。技术创新的阶段和类型决定了债务型和权益型金融安排的相对最优比例。金融规模的扩大并不能确保为创新活动提供有效的资金支持。准前沿、前沿研发等革命性创新对金融的需求,与技术模仿阶段的金融需求存在显著差异。只有金融结构与创新类型相匹配,才能确保创新资本的有效流动,为各类微观创新主体提供适宜的融资方式,进而缓解其面临的财务约束。由于在经济追赶阶段也会有少量准前沿、前沿创新,同时创新驱动的前沿经济体也需要进行产业化和一些必要的技术模仿。因此,在各发展阶段,债务金融和权益金融都没有绝对的压倒性优势,而是存在一个与经济发展阶段和技术创新类型相适应的匹配性结构。若债务金融过多而权益金融不足,会抑制创新;反之,如果权益金融发展过快而债务金融不足,则不利于充分发挥技术追赶的后发优势,同时也不利于为创新成果的产业化提供金融支持,可能导致创新成果的闲置或过度创新。

其次,金融结构应该随着经济发展阶段和技术创新类型的转换而进行动态调整。我国正在经历由远离前沿的技术复制与模仿向准前沿、前沿创新的革命性转型,这意味着我国整体经济将由以前的低风险、低收益状态演变为高风险、高收益的状态。这一转型也是我国实现从要素驱动、投资驱动向创新驱动转型的关键。该转型过程需要人力资本、制度演进、企业家才能等的系统配合,而金融结构动态演进以满足创新融资的新需求也是不可或缺的一环。风险-收益特征的变革会内生出差异化的金融需求,进而需要国家宏观金融结构和企业微观资本结构的演进以适应创新转型的需要。在以前依靠复制、模仿的技术模式阶段,以及建立在这种技术类型上的企业,主要采取以银行为主的债务融资方式。我国债务型主导的宏观金融结构(以国有大型商业银行占支配地位的形式)能满足过夫企业技术进步的金融需求。而在当下进入创新驱动发展的新阶段,需推动风险较高、先验信息匮乏的前沿创新,这类创新需要资本权益型金融的支持。然而,随着创新阶段转型的来临,我国以国有大型商业银行占支配地位的债务主导型宏观金融结构并未随之进行相应变革,使得我国金融结构发展滞后于创新结构演进,越来越难以满足企业进一步技术革新的金融需求。从全国层面的地区社会融资规模和风险投资数据来看,2001-2017年间,权益金融(股票和PEVC)占总融资规模的份额除2007年达到了18%以外,一直低于10%,且没有呈现出上升趋势;债务金融(银行信贷和债券)在我国实体经济融资中始终占据绝对主导地位,其中银行信贷在债务金融中的比重虽呈下降态势,但当前仍高于80%,一直居主导地位。从2017年的分省数据来看,权益融资份额最高的两个省份为北京和上海,比重分别为39%和15%,其他省份都在10%以下。因此,我国融资结构的现状有利于低风险、成熟稳定型追赶经济的发展,但不利于高风险、冲锋陷阵型创新创业经济的发展。要强化现代金融服务我国科技创新和实体经济发展的定位与能力,仅仅扩大金融规模是不够的,金融的内在结构也至关重要。应大力支持天使基金、PEVC、投资银行、IPO等资本权益型金融的规范发展,并提高它们在总体金融规模中的占比,扭转我国国有大银行主导的债务型金融结构,以促进企业资本结构调整和企业家才能由套利转向创新创业,助推我国企业技术升级,为建立科技自立自强的国家创新体系奠定微观基础。

最后,本章研究不足及未来研究展望在于:第一,本章仅从债务与权益的总体视角考察了金融结构对创新的影响,然而金融结构的整体构成只是其外在表现,它只是驱动创新过程中发挥金融功能和实现投融资效率的一个必要但非充分条件。债务和权益金融的内在构成(银行与债券市场的相对比例;银行的规模分布;天使基金、PEVC、场外市场及场内市场的构成等)、运营状况、资金来源(官方或民间)和最终流向(政府、国企、私企)等因素也会极大影响金融支持创新的效果。未来可从这些细分维度进一步展开研究。第二,本章进行的是区域层面的宏观实证研究,未来可以基于企业层面的资本结构数据,更细致地划分并测量企业的技术模仿和前沿创新状况,从而进行更为微观的实证研究。第三,通过控制变量的精心选择,本章较好地解决了遗漏变量和模型误设引起的内生性问题,但由于数据和方法限制,对其他可能原因(如反向因果、测量误差和不稳健标准误)产生的内生性未加以解决,将来可进一步优化实证研究设计来解决这些问题。

第六节　本章小结

金融支持对技术进步的不可或缺性已得到广泛认同。为进一步考察金融结构演进在技术创新转型中的作用,本章首先基于微宏观统一的债务、权益金融结构视角,考虑到技术模仿与前沿创新在风险—收益特征、资产类型、破产成本、抵押品可得性、现金流状况等方面存在显著差异,从理论上探讨了异质金融(资本)结构对技术模仿和前沿创新的非线性结构转折效应。随后,利用社会融资规模、风险资本、创新能力指数以及PCT国际专利等特色数据,在客观全面地度量我国31个省份2002-2016年金融结构发展和技术创新前沿性的基础上,借助固定效应面板分位数回归模型对理论假说进行了实证分析和稳健性检验。实证结果表明,债务金融发展有利于促进技术模仿型的低水平技术进步,但会阻碍高水平准前沿、前沿创新的发展;权益金融发展有利于促进准前沿、前沿创新,对技术模仿没有显著作用。最后,探讨了金融结构如何动态演进以助推我国经济实现由技术模仿向前沿创新转型。本章的研究对于我国在建设创新型国家、实现高质量发展的过程中如何进行金融体制改革,从而动态调整金融结构以适应经济结构转型的需要,具有一定的理论与实践价值。

第四章 国家创新示范区建设对区域创新结构的影响研究

第一节 引言

科技园最早于20世纪50年代在美国加州产生,旨在为新产业提供一个毗邻斯坦福大学的基地,以便科学知识向技术实践的转化。随后,在20世纪60年代至70年代,科技园在欧洲得到发展。如今,科技园建设已被全球许多国家或地区广泛采用,作为驱动区域高水平创新、知识密集型企业孵化以及高新技术产业发展的一种重要举措。成功的科技园能够通过营造良序的制度环境、孕育多元的创新文化以及构建有机的交流网络,为科学家与企业家之间的互动、新企业的孵化、企业间的技术扩散提供优质的"温床",进而成为区域高水平创新和经济结构升级的引擎。硅谷、波士顿128号公路等被公认为全世界成功科技园的杰出典范。虽然关于其成功是源于人为设计、自发演化还是兼而有之仍然争议颇多,但世界上许多国家已积极行动,通过激励机制的安排来推进科技园建设,力图形成引领区域科技变革和产业升级的增长极。

1988年8月,我国提出"发展高科技、实现产业化",其中,创办高新技术产业开发区被列为该计划的重要内容。自1988年首个国家级高新区——中关村科技园成立以来,各地纷纷结合当地特点和条件,积极创办高新区。科技部资料显示,截至 2023 年 11 月,我国国家级高新区总数已达 178 家。国家自主创新示范区作为国家高新区的升级版和新阶段,旨在完善科技创新体制机制、推进自主创新和加速高新技术产业发展,发挥重要的示范、引领和辐射作用,是我国目前最高级别的科创园区。自 2009 年 3 月北京中关村成为第一个国家自主创新示范区以来,截至 2021 年 6 月,我国已陆续成立了 21 个国家自主创新示范区(详见附录 1)。30 多年来,我国高新区经历了由少到多、地区分布扩大、从粗放发展到注重"二次创业"、再到规格升级的历程,为各个时期的创新驱动发展都做出了卓越贡献(吕政等,2006;肖渊等,2021)。然而,当前我国高新区仍面临前沿科技短板突出、科技与经济"两张皮"现象、发展水平参差不齐、集群优势不明显、区域创新引领作用不强等"不高"和"不新"的问题,且正面临着"三次创业"的新形势和新任务(袁航等,2018)。

现阶段,经济高质量发展阶段的到来、国际技术学习空间的不断缩窄、全球政经关系的深度调整以及新一轮科技革命的潮流涌动等,都促使我国必须实施由复制模仿型创新向准前沿、前沿创新转型的战略,并切实推进高新科技成果的商业转化,从而全方位发挥高水平创新对经济转型发展的裂变效应。中共中央在"十四五"规划和 2035 年远景目标纲要中也明确指出,要坚持创新在我国现代化建设全局中的核心地位,实施对世界核心科技的前沿攻坚战略,大幅提高科技成果转移转化成效,加快建设科技自立自强的创新强国。同时特别强调,要强化国家自主创新示范区、高新技术产业开发区、经济技术开发区等的创新功能。我国国家自主创新示范区通常在一定区域内高密度汇集了所在地区乃至全国最高端的人力资本、科技企业、研发机构、科技服务组织等创新要素,且具有地理区位、制度体制、政策倾斜、金融支持、科研经费等方面的突出优势。因此,把国家自主创新示范区建成创新驱动发展的排头兵和全面塑造发展新优势的发源地,已成为新时代我国科技园发展的重要使命。但从理论上看,科技园能否扮演期望的角色,取决于一系列条件机制是否得到满足;从经验研究来看,世界上有的科技园表现卓越,而有些则相对平庸。

尽管不同文献对科技园的内涵界定存在差异,但大多数研究都强调了以下三个维度的重要性:区位上邻近科研机构、高新技术知识创造处于核心地位,以及拥有帮助新创企业孵化发展的专业化服务网络(Hansson,2007)。可见,新知识生产(创新)和已有科技知识商业化利用(创业)是科技园的两大核心功能(阿伦等,2016)。因此,成功的科技园需从创新和创业两方面持续提升区域创新结构,成为促进科技与经济紧密互动的前沿阵地。基于此,本章将区域创新结构优化界定为两方面的内容:一是增加地区高端创新的比重;二是提高科技成果转化水平。前沿创新和科技创业也是我国创新驱动发展战略中的突出短板,若科技园能围绕这两点持续优化区域创新结构,将对我国解决技术"卡脖子"的困境、确保核心技术自主可控,以及充分提升科技创新对实体经济发展贡献份额发挥关键作用。所以,在深入分析科技园对区域创新结构影响的内在理论机制的基础上,实证评估我国国家自主创新示范区对多维度、多层次创新以及区域创新结构优化的效果,不仅对于理解创新创业结构升级的驱动与阻碍机制具有重要的理论价值,同时对我国实施创新驱动发展战略、推进经济高质量发展也具有良好的现实意义。此外,科技园设立本质上是一种基于地点的产业政策,本章研究对反思有效产业政策须满足的条件也具有启发意义。

世界上许多国家或地区已广泛设立科技园,以此作为助推创新性组织汇集和高新技术产业发展的一种重要安排。如今,科技园也被看作促进竞争与创新体制探索、创新合作、技术扩散与转化、公共研发社会收益最大化、产业变革等的关键载体。学者们对世界各地的科技园进行了广泛考察,大量研究了科技园区设立对创新创业的影响。根据研究结论的差异,可将现有文献总结为以下三类。

第一类文献发现,科技园对创新有良好的促进效果。一系列文献研究揭示了各地科技园对创新的直接促进作用。例如,研究发现与园外同行相比,科技园内的企业更重视创新(Lindelöf et al,2003)、具有更高的研发投资效率(Yang et al,2009)以及更高的产品创新概率和数量(Vásquez-Urriago et al,2014)。此外,对我国科技园的研究也表明,科技园区的发展提升了园区的技术进步及 TFP 增长率(程郁等,2013)、园区生产率(王永进等,2016)和城市经济效率(孔令丞等,2021)。张秀峰等还进一步指出,国家自主创新示范区的设立增加了所在高新区的发明专利申请量,而对非发明专利申请量则无显著影响(张秀峰,2020)。该文献通过对专利进行分类,深入探讨了科技园区建设对不同层次创新的差异化影响,这对本章进一步探究创新示范区的创新结构效应具有重要的启发意义。除上述直接促进效应外,针对瑞典(Löfsten et al,2002)、捷克(Steruska et al,2019)、西班牙(Vásquez-Urriago et al,2016)和英国(Minguillo et al,2015)科技园的研究文献还显示,科技园通过营造有利于研发合作、技术扩散和科技创业的环境,间接促进了园内企业创新。这些研究识别了科技园驱动区域创新创业的重要中介渠道,对进一步探究科技园建设优化区域创新结构的内在机制具有启发意义。

第二类文献则表明,科技园的设立未能有效促进创新,甚至在某些情况下起到了阻碍作用。Felsenstein 对以色列科技园的研究指出,科技园可能仅扮演了创新"飞地"(exclave)的角色,而未充分发挥创新"温床"的功能(Felsenstein,1994)。该文献将科技园划分为创新"飞地"和创新"温床"的做法,为本章理论分析提供了重要的概念框架。此外,Westhead 针对英国科学园的研究以及 Colombo 等针对意大利科技园的研究均发现,园内企业在研发投入和创新产出上与园外企业并无显著差异(Westhead,1997;Colombo et al,2002)。针对中国科技园的一些研究也得出了类似结论,有研究显示我国科技园未能有效产生集聚外部经济(Hu,2007),并且总体上未能显著促进产业结构升级(袁航等,2018)。此外,一些实证研究甚至发现,我国开发区的优惠政策反而抑制了企业创新能力,且未对区外企业发挥创新溢出效应(吴一平等,2017)。政府的不当干预和企业的过度竞争导致我国高新区产业集群显著降低了区域创新效率(谢子远等,2011)。此类文献的研究结论与第一类文献截然相反,这可能真实反映了不同科技园迥异的创新绩效。若是如此,就需要深入探究绩效差异产生的内在理论机制。然而,也可能是由于实证研究策略的不同,导致了对客观事实的不一致认识。若是这种情况,我们就需要采用更恰当的研究方法进一步开展实证研究,以揭示真实的因果关系。

第三类文献进一步揭示了科技园创新效果的异质性和非线性的内在影响机制。首先,一些文献指出了科技园创新效应的异质性。杨震宁等指出,科技园的"温床效应"有利于园内企业创新,而"围城效应"则会阻碍企业创新(杨震宁等,2015)。Albahari 等也发现,科技园的异质特征会对企业创新业绩产生差异化的影响(Albahari et al,2018)。蔡庆丰等进一步研究发现,国家级开发区促进了域内企业创新,而省级开发区却抑制了域内企业创新(蔡庆丰等,2021)。其次,一系列文献深入研究了科技园在促进创新过程中的调节因素和中介机制。这些研究发现,科技园区建设推动了地区制造业的升级(周茂等,2018)、提高了区内企业的生产率(谭静等,2019)、促进了企业创新(王康等,2019)以及城市创新水平的提升(李政等,2019),并有效缩小了内外资企业间的生产率差距(尹俊雅等,

2020）。同时，这些研究还确认了溢出学习、集聚互动、要素配置、科技成果转化、融资约束等因素在科技园促进创新中的中介作用，并识别了体制因素、政府效率、城市级别、区位因素、技术因素、行业与企业特征等微、宏观因素的重要调节作用。最后，部分研究还揭示了科技园未能有效促进创新甚至起阻碍作用的调节和中介机制。Ramírez-Alesón 等对西班牙科技园的研究发现，虽然入驻科技园并未直接影响新技术企业的创新绩效，但这却增强了有技术合作和出口行为的新技术企业的创新表现（Ramírez-Alesón et al，2018）。科技园通过吸引高技术能力企业入园而发挥了正面筛选作用。李启航等对我国的研究甚至发现，国家高新区设立最终阻碍了城市 TFP 的提升，但城市行政等级在这一过程中具有方向性的调节作用，并进一步识别了产生阻碍效应的多条中介渠道（李启航等，2021）。这些关于科技园创新效应异质性、调节因素及中介机制的研究极具启发意义，因此很有必要进一步探究科技园成败的支撑因素和深层机理。

由上述文献回顾可见：第一，关于科技园能否促进创新，目前学术界并未形成一致结论。这一现状启示我们，科技园的发展成效各异，能够驱动区域创新发展的科技园，必须满足特定的条件和环境。因此，从理论上深入阐释科技园促进创新创业的内在机制显得尤为重要。同时，也应在理论指导下，结合特定科技园的具体情况，展开针对性的实证评估。

第二，在探究科技园的创新效果时，现有文献较少关注到创新的异质性（陈鑫等，2021）。这些文献往往对创新不加区分，或仅聚焦于其对单一层面创新的影响，导致无法准确识别科技园设立对多层次创新和科技创业的全面效果，更难以深入刻画科技园建设对区域创新创业结构优化的具体作用。这种局限性使得研究结论可能存在一定的片面性，甚至出现相互矛盾的情况。

第三，已有研究在运用计量分析方法时，常需基于较强的假定（如多元回归的条件均值独立假定、DID 的平行趋势假定、PSM 的可忽略性假定、IV 有效性假定等）来推断因果效应。当这些假定不满足时，可能会产生严重的内生性偏差，使得所得的研究结论仅为虚假的相关关系，而非真实的因果推断。尤其考虑到各地科技园的选址并非随机，这一现实问题进一步加剧了上述问题的严重性。因此，在未来的研究中，需要更加谨慎地处理这些假定条件，以确保研究结论的可靠性和有效性。

综上所述，本章的边际贡献在于：第一，深入阐释了科技园影响区域创新结构优化的内在理论机制,明确指出了能促进区域创新结构优化的科技园所需的环境特征,同时也揭示了哪些类型的科技园无法优化区域创新创业结构;进而将科技园划分为"僵尸"型、"飞地"型和"温床"型三大发展境界。第二,利用合成控制法很好地解决了因遗漏变量、非随机样本、反向因果、模型误设等引起的内生性问题,对科技园建设的创新结构优化效果进行了客观的因果评估。第三,以武汉东湖国家自主创新示范区为研究案例,通过选择高、中、低三个层次的异质创新指标以及科技成果转化指标,对示范区设立的多维异质创新效应进行了全方位评估,进而从技术创新层次和科技创业状况两方面,实证检验了武汉东湖示范区对区域创新结构优化的实际效应。

本章接下来的安排如下:第二节理论分析科技园影响区域创新结构的内在机制;第三节介绍基于合成控制法的实证研究策略;第四节以武汉东湖国家自主创新示范区设立为处理事件,对其多维多层次区域创新效果(即区域创新结构优化效应)进行了经验评估;第五节为结论与讨论;第六节进行本章小结。

第二节 科技园影响区域创新结构的理论机制

科技园为来自国内外的高技术企业、研发机构、高端人力资本等提供了一个思想共生的场所,往往被视为国家或地区创新驱动发展的引擎。杰出的科技园不能仅仅是自身发展良好,也不能只是促进区域创新数量的增加,而是要能驱动区域创新结构持续优化。然而,科技园设立能否达到预期目标,是一个复杂的系统性问题,很难全面界定科技园优化区域创新结构的充分条件。这也是理论上众说纷纭,现实中难以复制硅谷、波士顿128号公路等科技园成功经验的原因。接下来,本节将根据现有理论研究成果以及科技园的成败实践,从以下四个维度去阐释科技园优化区域创新结构的必要条件和内在机制,以期激发对这一议题的深入思考。

一、有机集聚而成的科技园才能优化区域创新结构

科技园建设已成为一项激发创新创业的重要公共政策。其理论基础在于:

高技术企业、大学及其他知识密集型组织的空间有机集聚,对新知识的产生与应用具有积极影响(Boschma et al,2011)。地理集聚是实现有机集聚的一个必要前提。科技园通过促进相关组织的地理集聚,为优化区域创新结构提供了有利条件,具体表现在以下两个方面:

第一,地理集聚有利于高端创新。知识流动对创新至关重要,其中,形式知识(explicit knowledge)可借助数字网络媒介流动,而隐性知识(tacit knowledge)的流动则必须依赖空间邻近的频繁面对面接触。创新越高端,对隐性知识的吸收和利用就越多。因此,隐性知识的流动对于激发高端创新尤为重要。科技园所提供的地理邻近性能够促进隐性知识流动,进而极大地推进高端创新的发展(Polanyi,1966;Amin et al,1999)。

第二,地理集聚有利于科技成果转化。空间的邻近性降低了各环节的不确定性、搜索成本和交易费用,有助于创新合作伙伴的发现、关系的建立与发展,以及长期信任关系的形成。这便于合作伙伴发掘共同兴趣并进行技术和商业合作,从而促进科技成果转化(Feldman,1999;迈克尔,2012)。

然而,地理集聚仅是驱动隐性知识流动、创新升级和科技成果转化的必要条件之一。技术邻近、组织邻近和生产关联是实现有机集聚更为重要的基础前提。技术邻近性指的是合作成员间知识基础的重叠程度;组织邻近则是指一套或明确或模糊的惯例,它允许在没有事前界定的情况下进行协调合作。这三者共同影响创新合作方之间互动的密度、多样性和持续性(Vásquez-Urriago,2016)。

科技园只有把那些技术邻近、组织邻近且存在前后向生产关联的相关单元进行空间汇集,形成知识密集型主体的有机集聚,才能构建出一个能够激发高水平创新和科技成果转化的生态系统,从而促进区域创新结构的优化。反之,如果科技园只是简单地将那些在技术、组织和价值链上无内在有机关联的组织堆砌在一起,虽然满足了地理集聚的表面要求,但实际上却缺乏进行协作互动的内在基础。这样的科技园最多只能产生复制模仿型的低端创新,而无法通过驱动高水平创新和创新商业化来真正优化区域创新结构。

二、达到交互学习功能的科技园才能优化区域创新结构

融入社会经济环境对创新活动的开展至关重要,因为新知识往往难以孤立

产生，而是要根植于创新主体与其他创新组织、客户、公共机构等外部世界的密切互动之中。换言之，创新具有鲜明的系统特性，这种特性强烈依赖于知识溢出和交互学习（Lundvall，2010；Tappeiner，2008）。更进一步，创新层次越高，对灵感碰撞的需求越大，因此，互动交流的作用也愈发不可或缺。

尽管众多研究表明，地理邻近在促进研发合作、人才流动、知识溢出、信息共享以及降低交易费用等方面具有显著优势，对实现有效交互学习具有重要意义（Vásquez-Urriago，2016；Fritsch et al，1999），但必须明确的是，地理邻近仅是科技园实现有效互动学习的必要条件之一。简单实现地理上的邻近并不难，世界上绝大多数科技园都通过集中在特定区位而做到了这一点，然而，真正实现有效互动学习的科技园却寥寥无几。

除了地理邻近以外，还必须满足如下条件，科技园才能实现有效互动学习，从而为区域创新结构优化营造协同发展的环境。第一，入驻科技园的组织，必须遵循知识密集的挑选原则。因为只有知识密集型组织才能向外界提供可资学习的智力成果，同时也只有这样的组织才具备从外界学习和吸收的能力，从而形成交互学习的高水平创新创业环境。反之，非知识密集型组织既无能力从外界学习，也缺乏可让外界学习的知识储备，有利于高水平创新创业的互动学习环境也就无从建立[1]。第二，有效互动学习的组织间还需要有适度重叠的一般知识基础。一方面，若组织间在一般知识基础上交集很小或没有交集（即知识邻近性差），便无法找到相互学习的切入点，难以进行有效的互动学习；另一方面，若一般知识基础重叠过大或完全重叠，则失去互动学习的必要，集聚在一起只会导致知识停滞，难以相互激发（王宛秋等，2020）[2]。第三，只有充分信任的双方才能形成有效的互动学习环境（陈伟等，2020）。在所有类型的企业间关系中，

---

[1] 欧洲委员会的研究报告指出，在大多数科技园的所有特征中，那些表现卓越的科技园具有如下特征：a.仔细设计科技园入驻企业的挑选政策；b.事前选择最具创新性的、以技术为基础的企业。这表明，基于知识密集的挑选原则对科技园成功是至关重要的（European Commision，2014）。

[2] 梁琦指出：在短期内，人们相互接近或面对面交流有利于知识溢出；但在长期内，同样一群人的集聚，有知识同化倾向，会使得知识交集越来越大。故在长期内，只有不断注入新的知识要素，才能确保时间不削弱知识的正外部性。对科技园促进创新而言，这需要逐渐淘汰知识停滞的组织，同时不断吸纳具有共同知识同时又有着额外新知识的组织进驻科技园，以保持知识动态流动和持续创新的活力（梁琦，2005）。

组织间研发合作关系的建立与维持,对相互信任水平有着最高的要求(Simonen et al,2008)。

然而,科技园的现实商业环境并不总是具备建立信任的必备条件。诸如欺诈、抄袭、模仿、反向工程等不正当行为,都可能破坏信任,进而妨碍互动学习与创新合作。因此,科技园应当坚持以知识基础适度重合的知识密集型组织作为入园标准,并努力促进各类组织间形成相互信任,以此避免知识同化和学习停滞,促进互动学习和协同激发,从而通过驱动高水平原创知识的生产与既存知识的转化应用来优化区域创新结构。相反,对于那些非知识密集型组织聚集而成的科技园,若存在知识交集不合理和信任缺失的问题,将丧失互动学习和协同激发的前提条件,不可避免地陷入学习停滞状态,进而难以通过推动高端创新和科技成果转化来优化区域创新结构。

三、竞争适度的科技园才能优化区域创新结构

市场竞争程度对技术创新存在着倒"U"型影响关系。在竞争程度较低时(如垄断情形),竞争加剧(如潜在进入者入侵)将增强企业的创新动机;而若竞争程度进一步降低(如无外来威胁的垄断)则会减弱创新的积极性。反之,在竞争程度已经较高时(如近乎完全竞争情形),竞争程度的进一步提高将使企业失去通过创新获取垄断租金的可能,同时也让企业疲于短期生存,无暇顾及关乎远景的创新,进而失去创新的动力。此时,降低竞争程度(如能通过创新获取市场势力)反而可能激发企业去创新(Swann,2014)。

只有竞争适度的科技园才能为优化区域创新结构提供优良环境,因为竞争过度或不足都是不利的。原因在于:越高端的创新,其收益率和风险性越高,对市场竞争水平所蕴含的激励作用也越敏感。因此,相比低端创新,一个竞争水平适中的市场环境对于高端创新就更为重要。总之,竞争适度的科技园能够通过驱动高端创新来优化区域创新结构。

合理的知识产权保护制度对于建立一个竞争适度的高水平创新环境至关重要。首先,知识产权保护在激励前沿创新与技术扩散之间面临两难选择:过强的知识产权保护(过大的专利范围和过长的专利期限)固然可以通过赋予垄断性市场势力而激励前沿创新,但会阻碍低边际成本的技术扩散,从而不利于在更大

范围内促进高水平创新;反之,太弱的知识产权保护(如纵容盗版、抄袭、商业秘密窃取等专利侵权行为)虽然有利于知识溢出,但会因未能给予知识原创者足够的垄断租金激励而导致创新之源枯竭。因此,只有适度的知识产权保护水平,才能实现前沿创新激励与技术扩散间的良好平衡,从而构建一个竞争适度、有利于激发高水平创新创业的环境。其次,知识产权保护有两种方法:正式的制度性方法(包括专利、版权、商标和注册设计)和非正式的策略方法(包括保密协议、秘密、领先时间和复杂性设计)。制度性方法要求创造者公开所有发明细节,便于组织或个人广泛查阅与借鉴;而策略性保护则使发明细节保持隐秘,难以被公众学习与分享。当制度性正式保护不足时,知识产权便会转向寻求非正式的策略性保护,导致大量知识由公开转为私密,进而使企业间失去了一个通过相互学习来激发高水平创新的重要渠道。因此,科技园需要优化设计知识产权保护制度,以营造一个竞争适度的良好创新环境,为高水平创新及其商业应用提供有效激励,从而优化区域创新结构。

四、具备外溢效应的"温床"型科技园才能优化区域创新结构

根据科技园在优化区域创新结构上的实际功能,可将科技园概括为三大发展境界:"僵尸"型科技园、"飞地"型科技园和"温床"型科技园。

"僵尸"型科技园通常由非知识密集型的不相关组织拼凑而成,自身未能形成有利于高水平创新创业的交互学习和适度竞争环境。这类科技园主要依赖政策扶持、金融援助以及虹吸园外创新创业资源来维持生存。因此,它们不仅无法通过提升创新层次和科技成果转化来促进区域创新结构的优化,反而可能对所在地区的创新创业结构优化造成阻碍。

"飞地"型科技园则是指技术性关联组织通过园区集聚产生了一定的联动效应、规模经济和范围经济,使科技园已具备一定的自主创新能力,不再需要完全依赖虹吸园外资源来发展。然而,整体上还处于独立发展阶段,尚未真正形成交互学习频繁和竞争适度的优良创新环境。在促进知识流动、网络合作和高水平创新创业方面的表现尚不突出,因此虽然不会直接阻碍区域创新结构优化,但也未能有效发挥对大范围区域创新结构优化的溢出带动作用。

"温床"型科技园则是指园区在激发思想创意、促进组织间技术扩散、推动

创新性产品诞生和助推高新技术产业发展等方面发挥了孵化器或催化剂的作用,孕育出了有利于驱动高水平创新创业的强大生态系统。这类科技园是联结园内外、区域内外乃至国内外的开放知识网络,通过发挥强大的外溢效应,成为驱动广阔区域创新结构优化的科技中心。其形成需要知识创造单位(如大学、研究机构、科技支持组织等)、高技术企业、商会、金融、法务等紧密关联的知识密集型组织在科技园内形成有机聚集。随后,通过基于合约、工作经验、教育等的正式交流,以及非正式、非组织的知识流动,产生具有正外部性的、信息和交易密集的复合体,进而营造出交互学习活跃、竞争适度的网络化协同创新环境(Felsenstein,1994)。

由以上分析可见,只有那些具备外溢效应的"温床"型科技园能真正优化区域创新结构;孤立发展的"飞地"型科技园对区域创新结构优化的作用有限;而依赖虹吸周边资源生存的"僵尸"型科技园则会阻碍区域创新结构的优化进程。

根据上文对科技园在区域创新结构优化中效应的详细阐释,一个科技园若要成功,必须满足一系列严苛条件。其中,部分条件可通过政府基于充足信息进行宏观设计来实现,而有些条件因为私人隐性信息极难获取,政府管理者的计划安排往往会错位、不及或过度,从而使得政府干预难以有效发挥作用。在这种情况下,政府只能着力于创造良好的外部环境,并依赖于市场的自然演化与调整过程。但何时应采取宏观计划,何时又应让市场自由演化,这是一个需要合理分工与良好协作的问题。因此,科技园的实际创新效果也是一个需要结合理论分析,并进一步实证评估的问题。因此,本章提出假说:遵循有机集聚原则,实现了交互学习和良性激发的"温床"型科技园才能通过提升创新层次和促进科技成果转化来优化区域创新结构;相反,那些未能实现有机集聚,陷入知识停滞和不适度竞争的"僵尸"型或"飞地"型科技园则难以通过提升创新层次和促进科技成果转化来优化区域创新结构。简明起见,将这部分理论分析总结如图4-1所示。

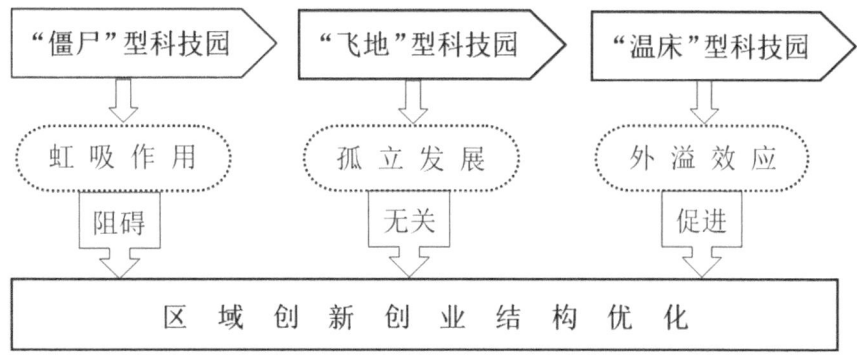

图 4-1　科技园设立影响区域创新结构优化的内在理论机制

第三节　实证研究策略

一、合成控制法

由于可能存在时间趋势或混淆性事件的影响,在评估实施于特定地区的某项政策效应时,通常不能直接通过对比政策实施前后的结果变化(即单差法)来得出结论。同时,平行趋势假定也并非总是成立,因此倍差法或固定效应模型在某些情况下也可能不适用。科学的方法在于运用"鲁宾反事实框架",即首先构造出该地区若未受政策影响的假想情况,随后通过比较受干预的实际状况与设想的反事实情况之间的差异,来估算政策的处理效应。

合成控制法(Synthetic Control Methods,SCM),由 Abadie 等学者(Abadie et al,2003;Abadie et al,2010;Abadie et al,2015)在一系列文章中提出并逐步完善,为构造反事实控制组提供了一种有效的途径。SCM 基于交互固定效应建模,能够反映不同个体对共同冲击的异质反应,其适用条件相较于双向固定效应模型更为宽泛。此外,SCM 还能有效避免外推偏差(extrapolation bias),因此非常适用于本章对武汉东湖国家自主创新示范区设立的区域创新结构优化效应进行实证评估。

1.SCM 的理论基础

假设观察到 $1+J$ 个地区在 $1,2,\ldots,T$ 期的情况,其中只有地区 1 在 $T_0+1,\ldots,$

T 期受到政策干预,其余 J 个地区在全部 T 期均未受政策影响。记 y_{it}、y_{it}^N 和 y_{it}^I 分别表示地区 i 在第 t 期实际发生的、未受政策干预时的及受到政策干预时的结果变量值。那么,地区 1 在政策实施后的处理效应可($\alpha_{1T_0+1},\ldots,\alpha_{1T}$)定义如下:

$$\alpha_{1t} \equiv y_{1t}^I - y_{1t}^N = y_{1t} - y_{1t}^N \quad (t = T_0+1,\ldots,T)$$

上述定义在理论上很完美,但现实中 y_{1t}^N 在 $T_{0+1},\ldots,T$ 期的数据是缺失的,故对 y_{1t}^N 的客观估计成为此处因果推断的关键。合成控制法基于数据驱动,正是构造政策实施地区反事实替身 y_{1t}^N 的一种科学方法,可避免控制组选择的主观性和片面性。假设 y_{it}^N 由如下因子模型给出:

$$y_{it}^N = \delta_t + \theta_t Z_i + \lambda_t u_i + \varepsilon_{it}$$

δ_t 为不可观测的时间固定效应,Z_i 为 $K\times 1$ 维非时变可观测协变量(不受干预影响,如干预前的协变量均值),θ_t 为 Z_i 的 $1\times K$ 维时变未知参数向量,λ_t 为 $1\times F$ 维不可观测共同因子,u_i 表示 $F\times 1$ 维未知因子载荷向量,$\lambda_t u_i$ 构成不可观测的交互固定效应,反映不同地区对 λ_t 的异质性反应,ε_{it} 为随机扰动项。Abadie 等证明,若能找到一个 J 维权重列向量 $W = (w_2,\ldots,w_{J+1})'$ 去加权凸组合 J 个控制地区(donor pool),并使得该合成控制地区的可观测协变量 Z_i、干预前结果变量均与地区 1 的相等(即 $Z_1 = \sum_{i=2}^{J+1} Z_i w_i$,且 $y_{1t} = \sum_{i=2}^{J+1} y_{it} w_i$,$\forall t \in [1, T_0]$),则该合成控制地区的不可观测经济特征 u_i 也将自动与地区 1 的相等,即 $u_1 = \sum_{i=2}^{J+1} u_i w_i$(Abadie et al, 2010)。那么,在 $\sum_{t=1}^{T_0} \lambda_t' \lambda_t$ 非奇异且相对于 ε_{it} 的规模(scale)够大时,用该 W 加权 J 个控制地区的结果变量得到的合成控制值 $y_{1t}^* = \sum_{i=2}^{J+1} y_{it} w_i$ 与 y_{1t}^N 间的差距将趋近于 0。则合成控制估计量 $\hat{\alpha}_{1t} \equiv y_{1t} - y_{1t}^* (t = T_0+1,\ldots,T)$ 将是 α_{1t} 的渐近无偏估计。

2. SCM 最优权重的计算

对于 SCM 的最优权重向量 W,可通过求解使得合成控制地区与处理地区干预前经济特征(包括可观测协变量及结果变量)最接近的二次规划问题而得到,此最优解限定所有权重皆非负且权重之和为 1,以避免外推偏差。具体来说,令 X_1 表示由地区 1 干预前经济特征组成的 $M\times 1$ 维向量(预测变量向量),包括可观测协变量 Z_1 及干预前结果变量的 R 个线性组合($R \geq F$,$M = K + R$)。同样地,其余 J 个地区相同经济特征构成 $M\times J$ 维矩阵 X_0,其第 j 列为控制地区 j 的相应取值。SCM 希望选择一个最优权重 W,使得 $X_0 W$ 与 X_1 最接近。这可通过求解如下二次型在约束下的最小化问题来实现：

$$W^*(V) = \arg\min_W (X_1 - X_0 W)'V(X_1 - X_0 W)$$

$$s.t. 0 \leq w_i, i = 2, 3, \ldots, J+1; \sum_{i=2}^{J+1} w_i = 1$$

V 为 $M \times M$ 维对角矩阵，其对角线元素均为非负权重，用于反映 M 个经济特征在预测结果变量时的相对重要性。此二次规划问题的最优解 $W^*(V)$ 依赖于 V。而最优 V^* 可通过如下方式得到：在政策干预之前，选择 V 使得真实地区 1 与合成地区 1 的结果变量尽量接近。即求如下最小化均方预测误差（$MSPE$）问题的解：

$$V^* = \arg\min_V \frac{1}{T_0}(Y_1 - Y_0 W^*(V))'(Y_1 - Y_0 W^*(V))$$

其中，$Y_1 = (y_{11}, y_{12}, \ldots, y_{1T_0})'$ 为 $T_0 \times 1$ 维列向量，包含地区 1 在政策干预前 T_0 期的所有结果变量值；Y_0 为 $T_0 \times J$ 维矩阵，其第 j 列为地区 j 前 T_0 期的结果变量值；由 V^* 即可得合成地区 1 的最优权重 $W^*(V^*) = (w_2^*, \ldots, w_{J+1}^*)'$。记 $Y_{0t} = (y_{2t}, y_{3t}, \ldots, y_{J+1t})'$ 为 J 个控制地区在第 t 期的结果变量向量，则 y_{1t}^N 的合成控制结果 $y_{1t}^* = Y_{0t} W^*(V^*) = \sum_{i=2}^{J+1} y_{it} w_i^*$, $t = 1, 2, \ldots, T$。$\hat{\alpha}_{1t} \equiv y_{1t} - y_{1t}^*$ ($t = T_0+1, \ldots, T$) 即为 SCM 给出的地区 1 的政策处理效应。

二、变量测度与数据来源

1.区域创新结构

为全面评估国家自主创新示范区设立对区域创新结构优化的效果，本章将区域创新结构定义为各层次创新的相对发展程度和科技成果转化水平两方面。选取了低、中、高端创新（反映创新层次）和创新商业化（反映高端创业水平）四个指标进行分析，具体测度方法和数据来源详见表 4-1。首先，利用了三个层次的专利数据来度量低端、中端和高端创新。具体来讲，由于国内专利中的外观设计和实用新型专利主要在于辨识、观赏和实用价值，其授权标准、创造性和技术水平相对较低，故用万人均外观设计和实用新型专利来衡量低端创新水平；国内专利中的发明专利具有较高的新颖性、创造力和知识含量，故采用万人均发明专利来测度中端创新水平[1];PCT 专利指通过专利合作条约(Patent Cooperation Treaty,PCT)申请获得的国际专利。与国内专利相比,PCT 申请更具国际性、规范性和潜在商业价值,故更能反映技术创新在世界范围内的前沿程度。创新强国(如美、日、德等)以及高科技企业(如英特尔、华为、三菱等)都在 PCT 专利申请方面都有卓越表现。基于此,本章采用万人均 PCT 国际专利来衡量高端创新的发展程度。其次,技术市场成交合同金额是指针对技术开发、技术转让、技术咨询和技术服务类合同的成交额,反映了科技成果市场转化的总体规模。故本章用每全时当量 R&D 人员拥有的技术市场成交额来反映创新商业化程度。

2. 协变量

根据创新经济学及相关文献对创新影响因素的研究(陈鑫等,2021;Swann,2014;Meierrieks,2014;Draghici et al,2014;Baesu et al,2015;Jin et al,2019;Maskus et al,2019;张宽等,2019),并考虑数据可得性,本章从人力资本、物质资本、制度保护、金融支持、基础设施、创新环境、市场化、开放发展等方面,选取了一系列变量作为协变量纳入合成控制法模型,以尽可能精确地构造真实处理组的反事实控制组。简洁起见,表 4-1 集中反映了所有协变量和结果变量的测度方法与数据来源。此外,表 4-1 还将协变量分成了基础设定和额外备选两部分,旨在分别进行基础实证评估和进一步稳健性检验。

表 4-1　变量测度与数据来源

变量类型	变量名称	测度指标	数据来源
结果变量	低端创新	万人均国内实用新型和外观设计专利	EPS 数据库
	中端创新	万人均国内发明专利	EPS 数据库
	高端创新	万人均 PCT 国际专利	国家知识产权局专利统计年报
	创新商业化	技术市场成交合同金额/R&D 人员全时当量	中国科技统计年鉴

---

[1] 根据《中国科技统计年鉴》的指标解释,外观设计专利指对产品的形状、图案或其结合以及色彩与形状、图案的结合所作出的富有美感并适于工业应用的新设计;实用新型专利指对产品的形状、构造或者其结合所提出的适于实用的新的技术方案;发明专利指对产品、方法或者其改进所提出的新的技术方案。

(续表)

变量类型		变量名称	测度指标	数据来源
协变量	基础设定	科研人才投入	R&D 人员全时当量/总人口	中国科技统计年鉴
		研发经费投入强度	R&D 经费内部支出/GDP	中国科技统计年鉴
		知识产权保护	专利纠纷结案率	中国知识产权年鉴
		产业结构	(二产总值+三产总值)/一产总值	中国统计年鉴
		市场化水平	四项指标算术平均	Wind 资讯 中经网 国研网 中国劳动统计年鉴
		经济开放度	进出口贸易额/GDP	中国统计年鉴
		外商直接投资	实际利用 FDI/GDP	各省统计年鉴及统计公报
		经济发展水平	实际人均 GDP	中国统计年鉴
		金融深化	各类金融机构信贷总额/GDP	Wind 资讯
		金融结构	(股票+PEVC)/(债券+贷款)	Wind 资讯 中国人民银行
		城市化水平	非农人口/总人口	Wind 资讯
		交通基础设施	公路与铁路里程密度之和	中国统计年鉴
		固定资产投资	全社会固定资产投资/GDP	中国统计年鉴
	额外备选	人口红利	人口总抚养比	中国统计年鉴
		人力资本	平均受教育年限	中国统计年鉴
		互联网普及	上网人数/常住人口数	国研网
		技术创新能力	创新能力综合指数	中国区域创新能力评价报告
		政府规模	一般公共预算支出/GDP	中国财政年鉴
		国际技术溢出	高技术产品贸易额/GDP	中国科学技术部
		企业家精神	私有单位就业人员比重	中经网及各省年鉴
		公共文化环境	每人拥有公共藏书量	中国文化文物统计年鉴

其中,专利数据都为申请数;专利纠纷结案率=侵权纠纷和其他纠纷累计结案数/侵权纠纷和其他纠纷累计立案数;市场化水平=(国企固定资产投资占比+国有单位就业人员占比+国有及国有控股工业企业主营业务收入占规模以上工

业企业的比重+公共管理与社会组织就业人员占比)／4;实际人均GDP是将名义人均GDP以1992年为基期,根据各省历年CPI进行通胀调整后得到;金融结构度量中,分子为权益性金融,包括社会融资规模增量统计中的非金融企业境内股票融资额和来自Wind资讯PEVC数据库的私募和风险资本投资额;分母为债务性金融,包括社会融资规模统计中的人民币贷款、外币贷款、委托贷款、信托贷款、未贴现银行承兑汇票和企业债券;交通基础设施=(公路里程+铁路里程)／地区年末人口数;人力资本=$6 \cdot P + 9 \cdot M + 12 \cdot H + 16 \cdot U$,其中$P$、$M$、$H$和$U$分别表示小学、初中、高中和大专以上文化程度教育人数占6岁以上总人口的比重;私有单位就业人员比重=私营企业和个体劳动者就业人员数／全部就业人员。

三、处理地区与控制地区选择

本章选择了武汉东湖国家自主创新示范区所在的湖北省为政策处理地区。下面详细解释这样选择的原因:

首先,截至2021年6月,我国有21个国家自主创新示范区,理论上均可作为实证评估对象,选择武汉东湖示范区作处理组的原因在于:第一,为了避免内插偏差(interpolation bias)。目前SCM所确定的权重都是非负且权重之和为1的,以防止出现外推偏差。因此,在使用SCM时,应选择与处理地区具有相似特征的地区作为控制组,这样才能同时规避内插偏差[1]。否则,处理地区的特征向量将很难用控制地区特征向量的凸组合来构建,SCM便不适用。由于北京中关村、上海张江、深圳等国家自主创新示范区在经济发展水平、创新驱动因素、创新能力等方面位于中国第一梯队,远高于其他地区,若选它们作处理组进行政策评估,则很难找到具有相似特征的合理控制地区。相较之下,武汉东湖示范区各方面经济发展特征处于中间偏上位置,能够为之匹配到合适的控制地区。第二,确保有较长的政策处理后时期。创新示范区设立以后,需要相当长一段时间才能显现政策实施的效果,所以不能选择成立时间太短的地区进行政策评估。除了北京中关村、武汉东湖和上海张江外,其他自主创新示范区都设立较晚。武汉东湖国家自主创新示范区经国务院批复,于2009年12月成立,是我国继中关村

---

[1] 若允许外推偏差(负的或大于1的权重)存在,为避免内插偏差,控制地区不一定需要与处理地区具有相似的特征。

之后成立的第二家国家自主创新示范区,已有较长的政策干预后时期可用于实证研究。结合上述两方面,武汉东湖示范区是最合适的项目评估对象。

其次,选择武汉东湖示范区所在的湖北省,而非示范区本身或武汉市作为处理组,原因也有两点:第一,根据前述理论分析,真正成功的科技园不能依靠虹吸转移园外资源来生存("僵尸"型),也不能止步于自身创新发展阶段("飞地"型),而是要对超越园区的广域创新创业发挥强大的外溢带动效应("温床"型)。选择地域范围更广的湖北作为项目评估对象,可以切实探究武汉东湖示范区到底是"僵尸"型、"飞地"型还是"温床"型的[1]。第二,相比地级市或示范区层面,省级层面的统计数据更加丰富、多维,能够更好地构造合成控制组和更加全面地评估科技园的创新效果。

根据 SCM 的原理,受到相同政策影响的地区应从控制组中剔除。因此,本章选择了样本期内所有未设立国家自主创新示范区的省份作为控制组。具体来讲,在创新效果评估截至 2017 年时[2],选择了吉林、江西、黑龙江、河北、云南、山西、海南、内蒙古、甘肃、贵州、广西、宁夏、青海、新疆和西藏 15 省作为湖北的合成控制组;当创新效果评估至 2015 年时,在上述 15 省基础上,又新增了山东、河南、重庆、福建、安徽和辽宁 6 省作为合成控制组,原因在于这 6 个省在 2016 年才设立国家自主创新示范区。后文在进行实证评估时,可能会由于数据缺失而对控制组做微小调整,届时会再加以说明。

第四节　政策评估结果

一、基础评估结果

先采用表 4-1 协变量的基础设定部分,对湖北设立国家自主创新示范区在

---

[1] 即可以考察和识别一般均衡效应(general equilibrium effect)问题:局部有效的政策在更大范围内是否依然有效?

[2] 由于国家知识产权局中断了 2018 年各省 PCT 专利申请数的发布,本章将政策评估截止期定为 2017 年。

低、中、高端创新和创新商业化四方面的表现,利用合成控制法进行了基础评估。此外,为了让合成控制组在更多维度上与处理组相近,还将相应结果变量的一些政策干预前取值加入了待匹配的经济特征[1]。政策干预开始时期为2009年(即 $T_0=2008$)。通过对各个控制地区赋予最优权重(详见附录2),各个协变量及干预前结果变量的合成匹配情况显示,合成控制组对湖北的各项干预前经济特征进行了良好拟合(详见附录3),符合SCM的应用前提。图4-2展示了武汉东湖国家自主创新示范区设立对湖北省四方面创新影响的评估结果。图中实线"真实湖北"表示湖北省相应结果变量的实际发生值轨迹,虚线"合成湖北"为湖北假若未受政策干预情况下(未设立武汉东湖国家自主创新示范区)的合成结果变量值(政策干预前为拟合,之后为反事实),两条线间的垂直距离即为政策干预的处理效应,下同。

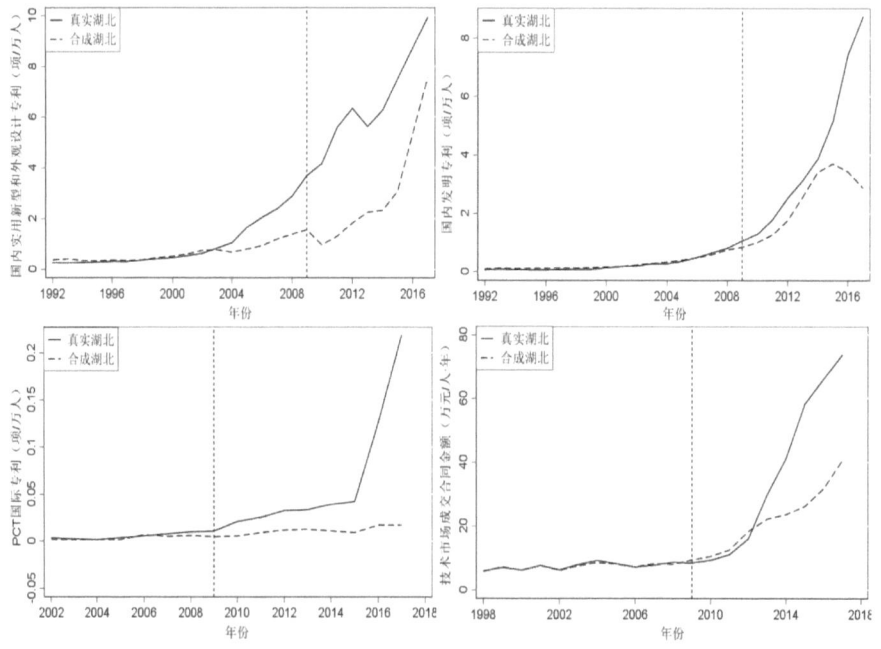

图4-2 武汉东湖国家自主创新示范区影响区域创新结构的基础评估

---

[1] 具体来讲,在以低、中端创新为结果变量时,分别加入了各自在1992、1997、2002和2007年的值;在以高端创新为结果变量时,加入了其在2002、2004、2006和2008年的值;在以创新商业化为结果变量时,加入了其在1998、1999、2002、2005和2008年的值。上述设定适用于本章所有模型。

国内专利数据较为齐全,故低端和中端创新报告了1992-2017年的评估结果;而PCT专利数据和技术市场成交额早期数据缺失,故高端创新和创新商业化分别只报告了2002-2017和1998-2017的评估结果,后文亦如此。由于数据缺失,这里在进行以创新商业化为结果变量的评估时,控制组不含西藏,其他评估的控制地区选取如第三节所述。图4-2显示,对于低端创新(用万人均国内实用新型和外观设计专利衡量)而言,尽管政策实施后真实湖北的水平高于"合成湖北",但在政策干预前,"合成湖北"在较长一段时间内未能准确拟合"真实湖北",故此处得出的政策效果值得怀疑,需通过进一步的显著性和稳健性检验来加以确认。对于中端创新、高端创新和创新商业化三个结果变量,干预前的拟合效果均良好。而且,在示范区建立后,每幅图中的虚实曲线分离程度逐渐增大,这表明示范区的建立对中端创新、高端创新和创新商业化产生了逐渐增强的促进作用。这些促进效应呈现出明显的差异性:在干预发生后的九年里,与示范区未设立的反事实相比,示范区设立使中端创新年均提高了59%,使高端创新年均提高了374%,创新商业化年均提高了42%。这意味着示范区设立不仅对多层次区域创新产生了日益增强的规模促进效应,还从创新层次升级和科技创业水平提升两个方面,持续优化了湖北省的区域创新结构。当然,上述结果是否具有统计显著性和稳健性也需要进一步检验。

二、稳健性检验

1.增加协变量

将表4-1额外备选中的协变量进一步加入到合成控制估计中,以便在更丰富的维度上匹配处理组和合成控制组。在协变量更多且干预前预测变量匹配良好的前提下,合成湖北就会是真实湖北更加可靠的反事实替身,从而使得评估结果更能揭示真实的因果效应,并能有效检验基础评估结论的稳健性。图4-3反映了利用表4-1全部协变量得到的估计结果。

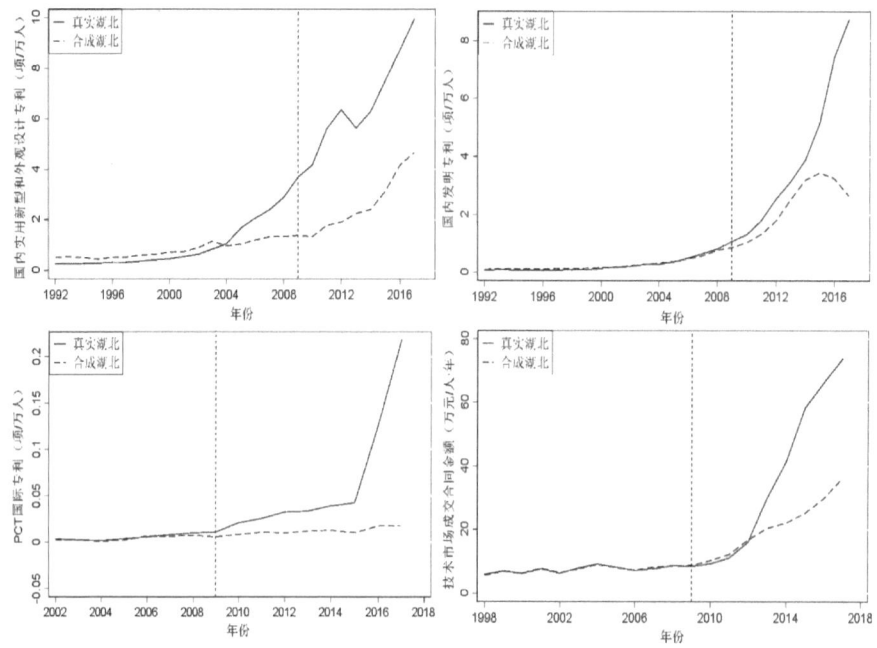

图 4-3 武汉东湖国家自主创新示范区影响区域创新结构的稳健性检验(一)

在评估创新商业化时,控制组中并未包含西藏,其他评估的控制地区选择如第三节所述。由图 4-3 可见,低端创新的政策前拟合效果依然不佳,而其他三项创新指标在政策发生前拟合效果依然良好,均显示出示范区建立对中端创新、高端创新和创新商业化具有持续增强的推动作用。且这些推动效应的大小仍呈现出明显的差别:在干预发生后的九年里,与示范区未设立的反事实相比,示范区设立使中端创新年均提高了 65%,高端创新年均提高了 344%,创新商业化年均提高了 52%。这进一步证明了示范区的设立不仅持续推动了区域创新规模的扩大,还不断优化了区域创新的结构。总之,图 4-3 展示的估计结果与图 4-2 几乎没有差别,表明基础评估结果对于新增的协变量具有稳健性。

2.增加控制地区

在基础评估中,控制地区仅有 15 个,且其中大多数省份的经济状况逊色于湖北省,这可能会引发内插偏差,进而对合成控制地区的构建产生不利影响。为了解决这一问题,将政策评估的截止时间由 2017 年提前到 2015 年,从而使得那些在 2016 年才设立国家自主创新示范区的省份(具体包括山东、河南、重庆、福建、安徽和辽宁)得以纳入控制组。这些省份的经济特征与湖北更接近,有利于更好地构造合成湖北。图 4-4 反映了以图 4-3 为基础(包含表 4-1 全部协变量)并新增 6 个控制省份的估计结果。

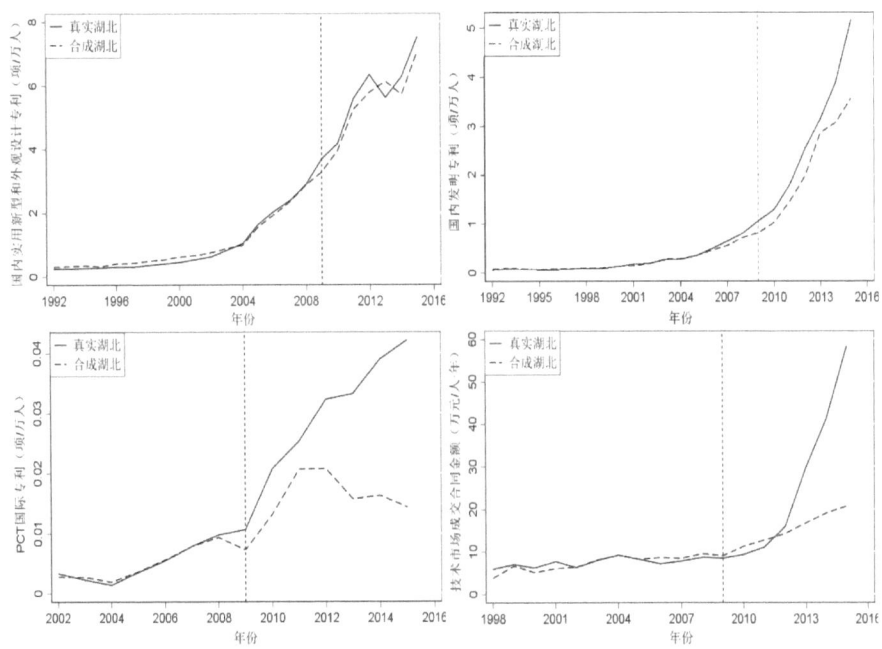

图 4-4　武汉东湖国家自主创新示范区影响区域创新结构的稳健性检验(二)

在评估创新商业化时,控制组并未包含西藏;在评估低端和中端创新时,因重庆无 1997 年之前的数据,故控制组中也未包含重庆;其他评估的控制地区选取如第三节所述。图 4-4 显示,目前低端创新的干预前拟合效果良好,但政策干预后的正向促进效应却消失了,表明示范区建立对低端创新未产生影响,这种可能性是包含于基础评估结果中的,故并不矛盾。接下来,将通过显著性检验进一步考察这一结论。对中端创新、高端创新和创新商业化这三项指标,示范区建立对它们的促进效应与前述评估结果的结论仍然是高度一致的(注意:因图 4-4 反映的是 2015 年及之前的,故也应与图 4-2 或图 4-3 的相应时期进行比较)。此外,创新促进效应依然呈现出明显的差异性:在干预发生后的七年里,相比于示范区未设立的反事实,设立示范区使中端创新年均提高了 27%,高端创新年均提高了 89%,创新商业化年均提高了 50%。这再次证实了示范区的设立对区域创新规模和区域创新结构都具有日益增强的提升作用。

3.其他形式的稳健性检验

根据 Abadie 等的研究(Abadie et al, 2015),本章还在图 4-3 对应的稳健性检验基础上,实施了如下形式的稳健性检验:首先,对于那些具有正权重的控制地区,任意去掉其中一个(leave-one-out)进行稳健性检验,以考察评估结果对任一正权重控制地区及权重变化的敏感性;其次,对于那些具有正权重的控制地区,不断去掉权重最小的一个,直至最后一个来做稀疏合成控制,以考察控制地区稀疏性(sparsity)和拟合优度之间的替代如何影响处理组的合成控制效果。上述操作都表明,图 4-3 所得实证结论具有较好的稳健性(详见附录5)。

三、安慰剂研究——显著性检验

上述基础评估结果及其稳健性检验一致显示:创新示范区建设对低端创新没有产生影响,对中、高端创新和创新商业化有着不断增大的正向促进作用。但目前为止,尚不清楚这一结论是否具有统计显著性。因此,需进一步用安慰剂研究(placebo studies)来进行统计检验。由于图 4-3 包含了全部协变量,与基础评估结果一致且得到后续一系列稳健性检验的支持,故这里以图 4-3 对应的政策评估效果为基准展开安慰剂研究。本章采用了两种形式的安慰剂检验:一种是基于潜在控制组的安慰剂检验。即将实际上未受政策干预的所有控制地区逐一假想为处理组做合成控制估计(此时将真实处理地区归入 donor pool),然后观察得到的安慰剂效应是否与真实处理地区湖北的处理效应相当。这种检验方法主要应用于对低端创新、高端创新和创新商业化的显著性检验。另一种是基于时间的安慰剂检验(in-time placebo)。即将政策干预的实际发生时间(本章为 2009 年)人为提前,观察是否仍能得到原有结果。这种方法需要较长的干预前时期,将之用于对中端创新的检验。显著性检验结果如图 4-5 所示。

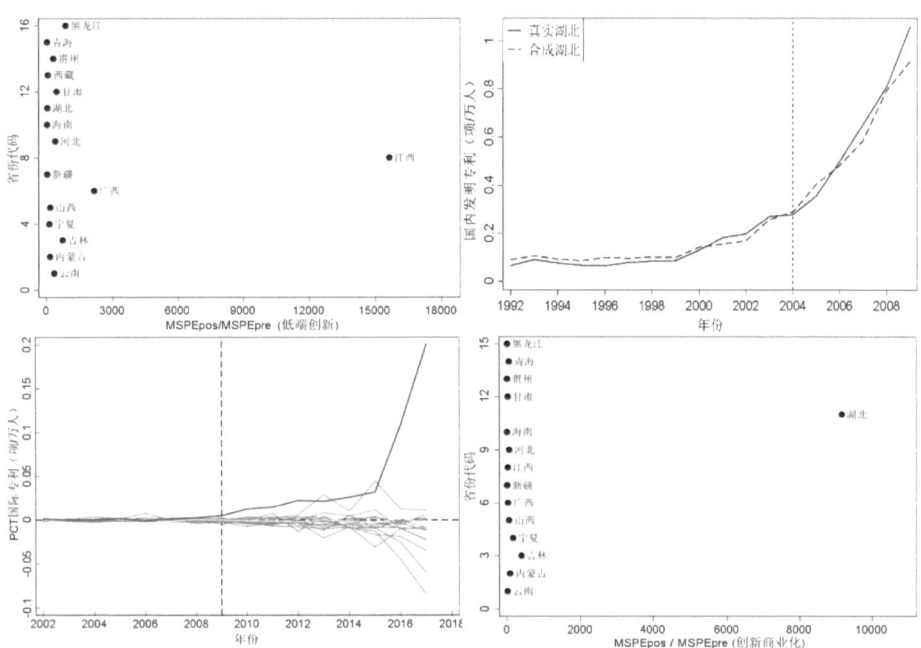

图 4-5 武汉东湖国家自主创新示范区影响区域创新结构的安慰剂研究

左上图反映了对低端创新的安慰剂检验结果,横轴为干预后均方预测误差($MSPE_{pos}$)与干预前均方预测误差($MSPE_{pre}$)的比值。如果政策干预确实有效,那么真实处理地区对应的这一比值理论上应该最大;如果并非如此,则表明政策干预的效果在统计上不显著。左上图显示,假想处理地区江西的该比值最大,而真实处理地区湖北的比值比许多假想处理地区都要小,这说明创新示范区的设立对低端创新的效应确实不显著。右上图展示了对中端创新效应基于时间的安慰剂检验,这里将政策发生时间由实际的 2009 年假想前移到了 2004 年,结果显示,2004 年前后,真实湖北与合成湖北的中端创新轨迹高度吻合,表明与 2009 年政策真实发生时相反,假想政策干预没有安慰剂效应。这意味着图 4-3 所示真实湖北与合成湖北在中端创新上的偏离不是由合成控制法预测力不足导致,而是对示范区建设显著效应的反映。

左下图是对高端创新效应的安慰剂检验结果,此方法与左上图相似,仅在操作细节上有所不同。图中每条曲线反映了相应省份被当作处理地区时的处理效应(对假想处理地区也称为安慰剂效应)$\hat{\alpha}_{it}$($\hat{\alpha}_{it} \equiv y_{it} - y_{it}^{*}$,$\forall i \in [1, J+1]$ 及 $t \in [1, T]$)。在此情境下,若示范区建设对高端创新确有正效应,则湖北省对应的处理效应曲线应该位于所有曲线的最上方;反之,则意味着示范区的高端创新促进效应在统计上不显著[1]。左下图里最上方的粗曲线正是湖北省的,若示范区设立对高端创新无影响,则在 16 个省份中(处理省份湖北加另外 15 个控制省份)随机抽取一个赋予政策干预,却恰巧观察到湖北的处理效应最大的概率仅为 1/16=0.063,这表明图 4-3 对应结论在 10% 的显著性水平上是显著的。右下图反映了对创新商业化的安慰剂检验结果,显示真实处理地区湖北的 $MSPE_{pos}/MSPE_{pre}$ 数值最大(控制组少了西藏,对应概率为 1/15=0.067),说明创新示范区设立对创新商业化的促进效应在 10% 的显著性水平上是显著的。

此外,还对武汉东湖示范区设立的中端和高端创新效应进行了其他形式的安慰剂研究,结果也一致表明,所得处理效应都是统计显著的(详见附录 6)。

四、实证结论解释

综合上述政策评估的基础结果及其一系列稳健性与显著性检验,本章得出以下最终结论:从创新规模视角审视,武汉东湖国家自主创新示范区的设立于 2009 年,对湖北省的低端创新未产生显著影响,但显著且逐渐增强地推动了湖北省的中端创新、高端创新以及创新商业化进程。从创新结构层面分析,示范区设立后,对高端创新的促进作用最为显著,中端创新次之,对低端创新的影响最小,呈现出对创新层次越高,促进效应越大的特点。同时,该示范区还显著且持续提升了反映区域科技创业水平的创新商业化指标,表明其不仅对多层次、多维度的区域创新产生了日益增强的规模促进效应,还超越了园区范围,对广阔地域内的创新层次优化升级和科技成果转移转化水平的提升起到了积极的推动作用,全面优化了湖北省的区域创新创业结构。此外,合成控制法相较于一般的固定效应模型,其适用前提更为宽松,且能有效避免外推偏差。

在本章的实证研究中,通过精心选择控制组、确保干预前的良好拟合,以及

---

[1] 当然,在这样做之前,必须先剔除干预前 $MSPE$ 超过处理组干预前 $MSPE$ 太多倍(如 20 倍,5 倍,2 倍等)的控制组。原因是:如果干预前合成控制法的拟合效果太差,则干预后的效应也很可能是拟合不足所致而非来自政策干预。图 4-5 左下图显示,各条处理效应曲线在 2009 年前都紧密围绕 0 效应线,表明干预前合成控制拟合效果都很好,干预前 $MSPE$ 超过湖北干预前 $MSPE$ 最大的仅为 5 倍(对应吉林),所以这里没做任何剔除。

实施多方面的稳健性和安慰剂检验,我们成功地解决了内插偏差、内生性等因果推断中的障碍,从而确保了本章经验研究结论的高度可信性。结合理论分析及现实实践,武汉东湖国家自主创新示范区设立在高水平创新和科技创业两方面促进了区域创新结构优化效果的原因在于:

第一,强化了以知识密集型组织为主体的园区架构。据官网数据,武汉东湖示范区集聚了42所高等院校、56个国家及省部级科研院所、66名两院院士、30多万专业技术人员和80多万在校大学生,是中国三大智力密集区之一。武汉东湖示范区设立后,累计认定高新技术企业数量持续增加,截至2022年底已突破5200家,居全国高新区前列。同时,科技活动人员占年末从业人员的比重也明显增加,2020年达到25.37%。这些知识密集型主体不仅奠定了技术外溢的知识基础,还展现了出色的互动学习能力,从而有力推动了区域创新创业水平的提升。

第二,基于技术与组织邻近、价值链关联的原则,促成了以光电子信息为支柱的若干产业集群的有机形成。武汉东湖示范区设立后,园区紧密围绕光电子信息产业发展,其收入占比连年攀升,2018年已达44.49%。目前,武汉东湖示范区已成为代表我国参与全球光电子产业竞争的主力军,并是我国最大的光通信研发基地与光纤光缆生产基地。"中国光谷"的品牌影响力已逐渐显现。同时,生物医药、新能源环保、高端装备制造及高技术服务业等产业也蓬勃发展,形成了多元化的产业体系。这种围绕主导产业的有机集群模式,促进了共同兴趣的识别与持续互动交流,进一步推动了知识溢出、创新合作及新知识创造。

第三,政府管理与市场运作的良好分工与配合。武汉东湖示范区在尊重创新规律与市场法则的基础上,通过完善创新创业、产业发展、科技金融、人才支持、知识产权及开放合作等六大产业政策体系,营造了有利于交易费用降低、协同创新、技术扩散、高新技术企业孵化的区域创新生态系统。在良好的创新创业环境下,高技术企业、科研机构和高端人才等会因循市场力量自发有机集聚,同时也有利于这些知识密集型组织建立信任、互动学习、受到合理的知识产权保护、展开良性竞争和动态进出,从而形成了有利于激发高端创新和科技成果转化的开放网络环境。

总之,武汉东湖国家自主创新示范区成功秘诀在于避免了非技术密集组织无机扎堆的"僵尸"状态,也超越了仅仅是园区自身得到发展的创新"飞地"阶段,能通过创新层次升级和科技成果转化对园外广阔地域的创新创业结构优化发挥外溢驱动作用,真正发挥了区域创新"温床"的重要作用。

第五节　结论与讨论

合成控制法的实证评估结果显示:从创新规模上看,东湖示范区的设立对湖北省低端创新未产生显著影响,但对中端创新、高端创新及创新商业化均有着显著且日益增强的促进作用。从创新结构上看,示范区设立后呈现出对层次越高的创新有着越大促进效应的特点,同时对区域科技创业发展也产生了显著且持续增强的提升作用。这表明,武汉东湖示范区的设立不仅多方位地扩大了区域创新规模,更从驱动创新层次升级和科技成果转移转化两方面,持续优化了湖北省的区域创新结构。将东湖示范区实践与理论机制分析相融合,对建设成功的科技园区,使其在区域创新发展中扮演引领和溢出角色,具有一定的启发意义。

随着科技园生命周期的发展,很可能会出现一系列集群弊端,如投入与产品市场的激烈竞争(房价上涨、用工成本上升、供方卡特尔、需求分化等)、拥挤效应(基础设施、交通运输等问题)以及新知识生产的停滞。因此,杰出的科技园要能在交易费用降低、知识溢出、创新合作、交互学习、创新"温床"等方面释放集群优势,但这些绝非仅靠地理集中就能实现(赵延东等,2008)。实际上,如果仅从空间集聚或地理邻近这一点来看,世界上几乎所有的科技园都做得很好,因为这很容易实现。但这仅是科技园在优化创新结构方面所展现出的表象和条件之一。为了真正发挥其功能,杰出的科技园还必须满足一系列更为严苛的条件:技术与组织相近、价值链关联紧密、知识密集型主体构成、信任建立、适度的知识基础交集、知识产权保护恰当、竞争适度等。只有这样,才能营造出一个真正的创新环境网络,从而使科技园能够名副其实地优化区域创新结构。这也是世界上为何冠名科技园的区位众多,但真正具有世界影响力的成功案例却乏善可陈的原因。根据科技园所满足的条件以及在优化区域创新创业结构上达到的程度,可大致将科技园归入三个层次:

最低层次的科技园为"僵尸"型。这类科技园在设立之初可能有着明确的发展定位，但后续可能为了招商引资、GDP 竞赛、财政收入、囤地等短期经济扩张目标而舍弃了最初的项目筛选准则。同时，企业等组织单纯为了享受园区在土地、财税、金融、基础设施、管理体制等方面竞相赋予的优惠政策，也愿意入驻其中。然而，这种做法最终导致园区内的主体之间缺乏技术、组织和价值链上的有机关联（郑江淮等，2008）。这使得园区自身不能发挥协同创新效应，不仅对园外的创新没有溢出带动作用，反而需要吸取园外的创新资源来维持生存，进而对区域创新创业结构的优化造成了阻碍。

中间层次的科技园为创新"飞地"型。此类科技园基本实现了按技术、组织邻近和价值链相关的原则来甄选园区进驻者，因此能够在一定程度上发挥生产关联和合作创新效应。然而，它们尚未构建起高密度、多元化的强大创新网络，导致在高端创新和技术转化方面的能力有所欠缺。虽然这类科技园不会对园外的区域创新创业结构优化造成负面影响，但也未能发挥出应有的外溢驱动作用。

最高层次的科技园是创新"温床"型。这类科技园基于知识密集的遴选原则，实现了将关联紧密（技术、组织和价值链）、知识基础相近但适度有别的科技性组织进行有机集聚的要求，然后通过信任建立、人员流动、适度竞争、知识产权的合理保护、动态进出机制营造等手段，使得科技园成为园内、区域内、国内乃至国际合作创新与互动学习的开放性平台。这样的科技园不仅起到了高端创新的"温床"作用，还成为知识溢出的网络中心和技术转化（新技术企业孵化）的重要催化剂，对区域、国内乃至国际的创新创业结构优化带来强大的外溢驱动效应（吕政等，2006；Felsenstein，1994）。

一般来说，科技园能发展到何种层次，除了受区位选择、空间集聚及政策优惠影响外，还取决于前述一系列支撑条件的实现状况。满足这些支撑条件，既需要政府的宏观设计，也离不开市场的自发演化，同时还需要实现有效市场与有为政府的合理分工和协同配合。目前，我国各级各类科技园区已有一些能发挥地区性创新"温床"的作用，但全国性的创新"温床"仍然稀缺，国际性的创新"温床"则尚在孕育之中，还有一大批科技园仍处于"飞地"型和"僵尸"型阶段。在推进创新驱动发展战略的背景下，我国提出要强化国家战略科技力量，并发挥新型举国体制的科创优势，国家自主创新示范区肩负着重大使命，要成为引领全国创新突围的中流砥柱。然而，我国在布局和升格国家科技创新中心的同时，要注重其内涵的精益发展，切忌盲目建设，必须通过有机集聚和网络良性互动，缔造更多区域性、国家级乃至国际化的创新创业"温床",才能避免科技园陷入无关组织扎堆的"僵尸"状态和孤立创新的"飞地"阶段。

最后需要指出的是,本章的实证研究是专门针对武汉东湖国家自主创新示范区进行的,对于其他创新示范区、高新区、经开区等的设立是否也能带来相似的区域创新规模提升和结构优化效应,尚待进一步开展针对性的项目评估和比较案例研究。尽管如此,本章提出的理论机制分析和所采用的经验研究方法具有普遍适用性,可以推广至类似问题的研究之中。此外,尽管实证评估揭示了武汉东湖示范区在推动湖北多层次、多维度创新方面取得了显著成效,但湖北在前沿创新和科技创业领域的水平尚未达到国内领先地位,与全球先进经济体的差距则更为显著。目前,武汉东湖示范区尚处于地区性创新"温床"的阶段,其作为全国性创新温床的角色尚不突出,距离成为国际创新"温床"的目标则更为遥远。因此,未来仍需积极借鉴世界上最成功科技园的先进经验,持续优化创新生态系统,不断提升科技园的创新创业能力,以期在我国创新驱动发展战略中发挥更加重要的引擎作用。

第六节　本章小结

科技园已被许多国家广泛用作促进区域技术创新、孵化知识密集型企业和发展高新技术产业的一种重要载体。然而,实际运作中的科技园并不总能发挥所期待的作用。为了揭示其背后的作用机理,本章首先从理论上分析了科技园驱动区域创新结构优化的内在机制,进而将科技园划分为"僵尸"型、"飞地"型和"温床"型三种发展类型。接下来,本章以2009年成立的武汉东湖国家自主创新示范区为政策处理组,利用合成控制法实证评估了示范区建立对湖北省多层次区域创新创业的影响。在一系列基准评估、稳健性检验和安慰剂研究的基础上,本章发现:从规模上看,武汉东湖示范区设立对湖北省低端创新没有产生影响,但对湖北省中、高端创新和创新商业化均有着显著且日益增强的促进作用。从结构上看,示范区设立,对层次越高的创新有着越大的促进效应,对区域科技创业水平也有着不断提升的效果。这表明,武汉东湖示范区设立不仅从多个维度扩大了湖北省的区域创新规模,而且从创新层次提升以及科技成果转化两方面持续优化了区域创新结构。最后,本章从超越了"僵尸"型和"飞地"型科技园阶段,发挥了区域创新"温床"作用的角度,阐释了武汉东湖示范区取得初步成功的原因。

第五章 风险投资与不良贷款对产业创新转型影响的研究

第一节 引言

改革开放四十多年来,我国经济持续以较高速度增长,经济体量备受全球瞩目。与此同时,要素结构、产业发展和国际贸易表现相较以往,均呈现出显著的转型升级趋势。然而,在这些辉煌成就的背后,我们必须正视以下事实:从要素禀赋结构来看,非熟练劳动力、自然资源和物质资本等中低端要素仍是我国当前要素禀赋结构的主要组成部分,而人力资本、技术创新、良好制度、企业家精神与工匠精神等高端要素则相对稀缺;从产业结构来看,我国经济仍偏重粗放型增长方式,劳动密集型与资源密集型产品占据较大比重,产品技术含量低,产业结构有待升级;从贸易结构来看,我国仍处于全球价值链的生产、组装等中低端环节,在研发、营销等高附加值环节尚不具备显著的比较优势。

近年来,受模仿创新空间收窄、人口红利逐渐消失、资源环境压力加大及国际分工格局重构等多重因素影响,我国经济增长的传统动能日益减弱。破解当前经济增速放缓及增长质量不高的双重困境,关键在于培育中国经济增长的新动能,推动产业创新转型。在此背景下,一个比认识到产业创新转型迫切性更为关键的问题是:哪些因素阻碍了或驱动了产业创新转型?尽管关于此问题的研究文献丰富多样,但鉴于金融支持对技术创新和产业升级的重要性,本章将重点探讨相关金融因素对产业创新转型的影响。

根据融资方式的不同,金融可分为股权金融和债权金融两大类。Hall 等指出,标准化债务合约的特性决定了债权人仅承担失败风险而不分享成功收益,这种风险-收益模式不利于高风险高回报的创新性投资,从而使得股权融资相较于债权融资更适合创新活动(Hall et al,2010)。在股权融资领域,风险投资因其高风险、高收益的特性而受到创新性融资的青睐,这也是我国创新融资的前沿发展方向。然而,也有大量研究发现,风险投资并不总是能促进创新和产业升级。此外,虽然债务性金融工具(如银行信贷、债券等)通常不被视为创新活动的理想融资方式,但传统商业银行系统作为我国金融体系的主体,其经营状况(如商业银行不良贷款率)不仅关乎金融资源的配置效率,还间接反映了是否为产业创新转型的熊彼特动态过程提供了一个良好的外部筛选环境。

基于此,本章选取了风险投资和不良贷款作为研究变量,以深入分析它们对产业创新转型的具体影响。从理论层面看,本章丰富了金融支持产业创新转型的研究视角,特别是明确了不同风险投资模式对产业创新转型的不同影响,以及银行不良贷款在资源错配和阻碍产业优胜劣汰方面的负面作用;从实践层面看,本章对推动我国风险投资主导模式变革、强化政府风投模式治理、控制银行不良贷款以及优化金融结构等方面具有启示意义,进而为我国的产业升级、经济结构转型和高质量发展提供有力的金融支持方案。

现有文献鲜有直接探讨风险投资对产业创新转型影响的研究,然而,鉴于创新是经济结构转型的关键要素和核心驱动力,因此,分析风险投资如何作用于技术创新的研究与本章主旨紧密相关。此类研究资料丰富,但所得结论却不尽相同。

第一类研究强调风险投资对创新的正面效应。Kortum 等早期对美国的研究即表明,风险投资显著促进了创新活动(Kortum et al,2000);Chemmanur 等进一步指出,风险投资与企业间的技术匹配度及其对企业失败的宽容态度,使得受风险投资支持的企业展现出更强的创新能力(Chemmanur et al,2014);王兰芳等通过实证研究发现,创业投资能够显著提升企业的创新绩效(王兰芳等,2017);陈思等针对我国的实证研究也显示,风险投资的介入显著促进了被投资企业的专利申请数量(陈思等,2017);熊家财等的研究则进一步揭示,风险投资不仅增加了企业的专利数量,还提升了专利的质量(熊家财等,2018)。

第二类研究则指出风险投资可能对创新产生不利影响。例如,Caselli 等对意大利上市公司的实证研究发现,虽然风险投资改善了企业管理,但并未促进创新(Caselli et al,2009);Tian 等发现,年轻且经验不足的风险投资对失败的容忍度较低,这不利于公司的创新孵化(Tian et al,2014);Arvanitis 等对瑞士企业的实证研究也表明,尽管风险投资能够筛选出具有创新倾向的企业,但这些企业在接受风险投资前后的创新效率并未显著提升(Arvanitis et al,2014)。此外,陈见丽发现风险投资既未带来更多的创新资源,也未促进企业产生更多的创新成果(陈见丽,2011);王婷的实证结果也显示,中国的风险投资虽然能为技术创新带来资本的增加效应,但并未显著提升创新效率(王婷,2016)。温军等从"增值"与"攫取"的权衡视角出发,通过理论和实证研究指出,中国风险投资整体上显著降低了企业的创新水平(温军等,2018)。

第三类研究则揭示了风险投资与技术创新之间复杂的非线性关系。例如,Arqué-Castells 指出,风险投资与企业创新之间呈现出一种"倒 U 型"关系(Arqué-Castells,2012);冯照桢等的研究发现,风险投资与企业创新之间存在阈值效应,即当风险投资规模低于某一阈值时,风险投资会抑制企业创新;而一旦风险投资规模超过这个阈值,则会促进企业创新(冯照桢等,2016)。

第四类研究探讨了诸多外在因素对风险投资与技术创新关系的调节作用。例如,苟燕楠等发现,在企业初创期,风险投资促进了企业创新(苟燕楠等,2013);而在企业扩张期,风险投资则与企业创新呈现出负相关关系。郭研等的实证研究表明,政府风险投资基金筛选决策机制由集中向分权的转变,有利于增强创新基金对创新的促进效应(郭研等,2016)。庄新霞等实证发现,对于非国有企业及制度环境较好的地区,风险投资对我国上市企业创新投入的促进作用更为明显(庄新霞等,2017)。郭迪的研究则表明,私有风险投资在推动中小企业创新方面更为有效,而相比之下,政府主导的风险投资效果较为短暂,且大规模的国家风险投资引导基金可能给国家带来较大的风险(郭迪,2017)。

由上述可见,已有文献从多个角度对风险投资的创新效应进行了富有启发性的探讨,得出的研究结论也并不一致。现有研究尤其提示:风险投资对创新的促进作用并非无条件的,这促使我们进一步思考其背后的作用机理。然而,目前的研究很少结合我国风险投资的实际情况进行分析,尤其是考虑到我国大部分风险投资都是由政府主导的现状,我们需要更细致地考察私有和政府主导的风险投资对创新和产业升级的差异化影响。

此外,由于商业银行作为债务金融机构,不适合为创新和产业升级提供融资服务,故很少有文献直接研究商业银行不良贷款对创新和产业升级的影响。然而,下列几篇文献从金融支持以外的角度研究了不良贷款的经济后果,这为我们思考银行不良贷款如何影响产业创新转型提供了新的视角。王兵等发现,不良贷款是导致上市商业银行效率低下的主要原因(王兵等,2011)。谭政勋等的实证研究也发现,忽视不良贷款会显著高估商业银行的效率(谭政勋等,2016);还有研究指出,在经济转型过程中,我国商业银行既扮演着政府性公司的软预算支持体角色,又作为软预算约束组织存在,而商业银行的不良贷款正是这一体制性因素的内生产物(施华强,2004;段文斌等,2005;王叙果等,2012)。上述文献表明,不良贷款反映了商业银行运行的低效率和经济体的预算软约束问题,启发本章沿此线索进一步探讨不良贷款影响产业创新转型的内在理论机制。

通过文献回顾,我们发现:首先,直接研究风险投资如何影响产业创新转型的文献较为稀缺,多数研究聚焦于风险投资对创新的影响,且所得结论纷繁复杂,存在矛盾;现有研究广泛探讨了风险投资的创新效应,但从风险投资资金的两大不同来源主体——政府与市场,这一独特视角出发,深入考察其对产业创新转型的差异化影响机制和作用效果的文献相对较少。其次,关于不良贷款对产业创新转型的影响,现有文献的研究较为匮乏,更鲜有对其影响机理的深入剖析。最后,在产业创新转型的测度上,大多数文献采用二、三产业占比等单一指标,这种方式难以全面客观地反映产业创新转型的复杂性和丰富内涵。

基于此,本章的边际创新主要体现在以下两个方面:在理论视角上,我们创新性地从风险收益匹配性、资金来源主体等角度出发,深入阐释了风险投资对产业创新转型的正反两方面影响;同时,从金融资金配置的机会成本和预算软约束视角出发,探讨了不良贷款阻碍产业创新转型的内在理论机理。在实证研究上,我们选取了 Wind 资讯的中国 PEVC 数据库中风险投资面板数据,并运用熵权法加权了 14 项原始指标,成功构建了我国 29 个省份从 2005 年至 2014 年的产业创新转型指数。以此为基础,我们运用面板数据模型对提出的理论假说进行了系统的实证检验。

本章接下来的内容安排如下:第二节理论分析了风险投资与不良贷款影响

产业创新转型的内在机制;第三节介绍了实证研究设计;第四节进行经验评估;第五节为结论与讨论;第六节进行本章小结。

第二节 理论分析与假说提出

一、风险投资模式影响产业创新转型的理论分析

1. 收益与风险的匹配性

推动产业创新转型的主要驱动力在于技术创新,而技术创新活动的预期收益与风险均存在显著的不确定性。以银行信贷、债券等为代表的债务型金融,其核心运营模式在于到期收回本金并获取固定的利息收益,这自然导向了银行追求低风险、低收益的稳健经营策略。然而,技术创新与产业升级的显著特征是高风险伴随高收益。当银行涉足此类项目贷款时,不仅成功概率相对较低,即便项目成功,银行也仅能获取有限的固定收益,无法共享项目的高额回报。更为严峻的是,多数创新项目可能以失败告终,其风险则主要由银行承担,进而推高银行的坏账率。因此,债务型金融的风险承受能力相对有限,更适宜为收益稳定、风险较低的成熟或传统行业提供信贷支持,难以满足高风险、高收益的技术创新和产业创新转型活动的融资需求(Stiglitz et al, 1981)。

相比之下,作为权益型融资方式主要代表的风险投资,则展现出不同的运作模式。它能够通过股权、剩余索取权等方式,获取与投资项目动态增长收益紧密相关的回报,且不受固定偿付义务的束缚。这种机制使得风险投资有能力通过少数成功项目的高额回报,来弥补大量失败项目所造成的损失。因此,与债务型融资相比,风险投资更能适应技术创新与产业升级高风险、高收益的特征,其经营模式与技术创新、产业升级的内在要求高度契合,从而更有效地满足技术创新、产业升级活动的融资需求,为科技研发、技术商业化和产业创新转型提供强有力的支持(Hall et al, 2010)。

2. 风险投资由政府主导引起的系列问题

风险与收益的匹配性决定了是否有资金可用于支持产业创新转型,这一点

固然至关重要,然而仅仅投入资金并不足以解决问题,还必须保证资本配置过程的高效率。这就要求我们能够甄选出真正具有潜力的项目,并果断地把不良项目淘汰出局。做到这些的前提是,资金提供者自身要有充分的激励,能基于预期收益做出投资决策,并对投资对象实施严格的预算约束。其中,资金来源主体的所有者属性对上述问题有决定性的影响(尚马克,2017)。对于私有风险投资基金而言,首先,必须独立承担所有风险和收益的事实决定了其预算硬约束性质,这意味着一旦发现所投项目成功无望,风险投资人就会果断放弃以便将有限的资金用于更有前景的项目,这有助于营造一个优胜劣汰的经济运行环境,从而产生一个有利于创造性破坏的产业创新转型过程。其次,通过有限合伙制、有限责任公司等精心的合约设计,原始出资方、投资决策者以及创业团队形成了利益共同体,可以有效解决三者之间由于多级委托-代理而产生的道德风险问题。这使得私有风险投资者会竭力去收集、整理、分析第一手信息,以识别、甄选出真正值得投资的项目。尽管由于经济不确定性和信息不对称,仍难以避免在实践上错选项目,但不会存在主观动机偏差。同时,创业团队也会全力经营,与风险投资人一起共同创造价值。再次,私人风投基金的绩效评估以企业市值增长为依据,这一评价指标是单一明确的,由无法人为造假的市场决定,因此能为创新创业提供客观、强有力的激励。最后,私有风险投资基金的决策过程是扁平化的,风投专家基于直接接触和实地调研获得的大量一手资料来做决策,信息的可靠性有利于提高决策准确性。上述四点因素共同决定了私有来源的风投资金能够为创新创业和产业升级提供机制上的保障。

然而,政府主导的风险投资基金则遵循着截然不同的经济逻辑。首先,由于政府主导的风险投资基金缺乏明晰的产权界定,因此没有独立的风险和收益承担主体,这往往会引发严重的预算软约束问题。创新活动本质上充满不确定性,既包含技术风险也包含市场风险,因此高技术创业企业的高失败率是一种常态。如果政府出于促进地方经济增长、维护社会稳定或刺激投资等考虑,不愿对失败项目实施破产清算,这将导致大量失败项目在政府支持下以"僵尸"状态继续存活,而真正具有前景的项目却因融资难而无法落地。这种缺失优胜劣汰机制的经济环境,势必使创造性破坏的产业创新转型过程成为空中楼阁。其次,中央政府、地方政府与创新创业者之间各自拥有不同的利益诉求,且难以设计出有效的激励机制来解决三者间的多级委托-代理问题,从而难以形成一个紧密的利益共同体。加之高度不确定的创新环境加剧了信息不对称的问题,道德风险问题也因此变得异常突出。政府不仅缺乏足够的激励去挑选真正有潜力的新创企业,甚至可能基于企业的贿赂行为来决定投资流向;创业者也可能将精力用于骗取政府资助,而非专注于技术创新。再次,政府对所投项目的评价指标往往多元化(一般包括创新业绩、就业创造、投资吸引、出口情况等),这难以为企业提供清晰明确的激励方向。同时,由于这些指标多由企业自行上报,数据造假问题很难避免,因此难以构建出客观公正的评估和激励体系。最后,政府风险投资基金的决策过程往往是垂直的,依赖于层层上报的书面材料进行项目筛选,这种方式掌握的信息有限且可靠性不高,不利于精准识别并甄选出真正有潜力的创新项目。

综上所述,上述四个因素共同决定了政府主导的风险投资资金在促进创新创业方面存在局限性,从而在一定程度上阻碍了产业创新转型的进程(郭迪,2017;许成钢,2017)。

因此,我们提出假说1:市场化风险投资的赢利模式与技术创新、产业升级所具有的高风险、高收益特征存在着良好的契合度,这使得风险投资能够有效推动产业创新的转型。然而,政府主导的风险投资资金又会面临预算软约束、委托-代理、绩效评价、决策制定等问题,使得风险投资又会不利于产业创新转型。因此,风险投资对产业创新转型产生的最终效应,将取决于这两种相反力量的对比。

二、不良贷款状况影响产业创新转型的理论分析

1.金融资金低效配置

不良贷款主要由商业银行将资金贷给盈利能力较差的企业,而这些企业到期无法按照原定协议偿还本金和利息所引发。信息不对称以及经济活动本身固有的风险属性决定了商业银行的不良贷款是无法杜绝的,因此适度规模的不良贷款是经济运行的正常现象。但是,长期存在过大规模的不良贷款或过高不良贷款率,意味着整个商业银行系统在将资金盈余贷放给资金需求方的过程中出现了系统性问题。这不仅会给金融系统带来风险,还会使有限的资金被生产效率低、生产经营困难的落后企业长期占用,降低金融资源利用效率,造成资金严

重浪费。同时,这也会使得技术创新、技术转化、技术改造、新企业进入等产业创新转型活动缺乏应有的金融支持,从而阻碍产业创新转型。总之,长期过高不良贷款率的机会成本非常大。尽管商业银行本身不适合为创新和产业升级活动融资,但鉴于商业银行系统在当前我国金融体系中的核心地位,商业银行不良贷款率的高低很大程度上反映了整个金融系统的资金配置效率。低不良贷款率虽不能表明创新活动得到了金融支持,但高不良贷款率则一定意味着潜在可用于创新的资金被低效占用,从而不利于优胜劣汰的产业创新转型过程。

2.阻碍创造性破坏机制的发挥

在预算硬约束环境下,理性的商业银行一旦发现贷款企业资不抵债,存在产生坏账风险时,便会通过法律手段要求贷款企业变卖资产以收回部分前期贷款,同时启动贷款企业的破产清算程序。在这种预算硬约束的金融环境下,必然使得落后企业被淘汰,从而为优胜劣汰的创造性破坏机制奠定经济环境基础。然而,在我国经济转型过程中,商业银行同时扮演着预算软约束组织和预算软约束支持体的双重角色:一方面,商业银行产生危机时往往持有政府会救助的稳定预期;另一方面,商业银行会对资不抵债的企业(主要是国企)给予流动性支持,甚至会按政府意愿来执行贷款。因此,我国商业银行已经失去了市场条件下的经济独立性,而与政府存在密切的依附关系。政府出于地方经济发展、维持稳定、政治庇护等考虑,通常不愿对失败的项目进行破产清算;而银行因为有政府进行风险兜底,通过继续追加贷款,在项目起死回生后收回本息的可能,所以也愿意继续提供贷款,而这最终会导致不良贷款率的上升。所以,商业银行不管是作为失败企业预算软约束支持体的角色,还是自身以预算软约束组织的形象出现,都会导致过高不良贷款率的长期存在(施华强,2004)。

总之,由于风险、收益不匹配,健康的商业银行系统以及与之伴随的低坏账率虽然本身不能为产业创新转型提供金融支持,但从提供了一个优胜劣汰的预算硬约束外部经济环境来看,良好运行的商业银行对产业创新转型至关重要;反之,不良贷款率越高意味着预算软约束问题越严重,也意味着经济中存在越多的僵尸企业。大量已失败、理应破产的企业继续在市场中经营,不仅仅是对资金、人才、物质等资源的浪费和占用,更是对市场空间的阻塞,使得有活力的新兴企业面临更高的市场进入壁垒,从而严重制约创造性破坏的产业创新转型机制。

综上所述,我们提出理论假说2:长期存在的过高不良贷款不仅意味着金融资源被低效占用,使产业创新转型过程无法获得信贷支持,还反映出严重的预算软约束问题,导致落后企业不能退出、新企业难以进入,从而阻碍创造性破坏的产业创新转型过程。

第三节 实证研究设计

一、计量模型构建

本章运用规范的静态面板数据模型对风险投资、银行不良贷款影响产业创新转型的假说进行实证检验,基础回归模型设定如下:

$$ITU_{it}=\beta_0+\beta_1 VCA_{it}+\beta_2 NPL_{it}+\beta_3 OPE_{it}+\beta_4 R\&D_{it}+\beta_5 URB_{it}+\beta_6 HCA+\beta_7 GDP_{it}+\beta_8 GOV+\beta_9 IPP_{it}+u_i+\varepsilon it$$

上式中,下标 i 表示第 i 省, t 代表年份。β_0 为常数项, u_i 为个体效应,以控制各区域自然资源、地理区位、制度文化等非时变、不可测遗漏变量对产业创新转型的异质影响, ε_{it} 为随机扰动项。ITU 为因变量产业创新转型,VCA 与 NPL 分别为感兴趣变量风险投资和不良贷款率。同时借鉴经济学基本理论及相关研究(李黎明等,2014;韩永辉等,2017;袁航等,2018),将对外开放度(OPE)、研发投入(R&D)、城市化水平(URB)、人力资本(HCA)、经济发展水平(GDP)、政府干预(GOV)、知识产权保护(IPP)等变量作为控制变量纳入基本回归模型,以尽可能使扰动项条件均值独立于感兴趣变量的假设得以满足,从而可以对感兴趣变量的回归系数赋予因果解释,准确验证本章提出的预期理论假说。本章将通过Hausman 检验来决定应采用固定效应还是随机效应进行模型估计;并以基础设定形式(1)为起点进行后续的稳健性检验和内生性处理。

二、变量测度与数据来源

1.产业创新转型水平

(1)测度方法——熵权法。本章采用熵权法对产业创新转型水平进行测度,熵权法是一种根据数据所含有效信息量进行客观赋权的方法,可避免人为主观设权带来的评价偏差。每一年,本章的测度对象为 29 个省($i=1,2,\cdots,29$),每个省有 14 项评价指标($j=1,2,\cdots,14$),记测度对象 i 在指标 j 上的原始数据取值为 X_{ij},则形成一个 29 行 14 列的原始数据矩阵。熵权法涉及如下计算步骤:

①对原始数据进行量纲标准化:

$$\max(X_j) = \max(X_{1j}, X_{2j}, \cdots, X_{29j})$$

$$V_{ij} = \begin{cases} [X_{ij} - \min(X_j)] / [\max(X_j) - \min(X_j)], \text{正向指标} \\ [\max(X_j) - X_{ij}] / [\max(X_j) - \min(X_j)], \text{负向指标} \\ 1, \ if \ \max(X_j) = \min(X_j) \end{cases}$$

$$\min(X_j) = \min(X_{1j}, X_{2j}, \cdots, X_{29j}), 0 \leq V_{ij} \leq 1 。$$

②计算测度对象 i 省在指标 j 上的特征比重: $P_{ij} = V_{ij} / \sum_{i=1}^{29} V_{ij}, 0 \leq P_{ij} \leq 1$。

③计算第 j 项指标的熵值: $e_j = (-1/\ln m) \sum_{i=1}^{29} P_{ij} \cdot \ln P_{ij}, 0 \leq e_j \leq 1$

④确定各指标的熵权: $W_j = (1-e_j) / \sum_{j=1}^{14} (1-e_j), 0 \leq W_j \leq 1, \sum_{j=1}^{14} W_j = 1$。

⑤计算各测度对象的综合指标值: $P_i = \sum_{j=1}^{14} W_j \cdot P_{ij}$。

(2)测度指标选取

为确保全面、客观地测度产业创新转型的内涵,结合现有文献、经济现实和数据可得性,从技术创新投入、创新能力提升、产业结构升级及贸易结构优化等产业创新转型的 4 个方面出发,选取了 14 项统计指标来构建测度产业创新转型的基础数据,具体如表 5-1 所示。

表 5-1 产业创新转型指数的测度指标体系

一级指标	二级指标	指标方向	数据来源
技术创新投入	研发人员占比	+	中国科技统计年鉴
	科研资金投入	+	中国科技统计年鉴
	平均技术改造经费支出	+	中国科技统计年鉴
创新能力提升	千人研发人员拥有授权发明专利	+	中国科技统计年鉴
	新产品销售收入占比	+	中国科技统计年鉴
	千人外国主要搜索工具收录中国论文数	+	中国科技统计年鉴
	技术市场交易额	+	中国统计年鉴

(续表)

一级指标	二级指标	指标方向	数据来源
产业结构升级	第三产业占 GDP 比重	+	中国统计年鉴
	高新技术产业占 GDP 比重	+	高新技术产业统计年鉴
	万元 GDP 能耗	−	中国统计年鉴
	万元 GDP 工业污水排放	−	中国统计年鉴
	万元 GDP 废气主要污染物排放	−	中国统计年鉴
贸易结构优化	高技术产品出口占 GDP 比重	+	中国科技统计年鉴
	各省加工贸易增加值率	+	中国统计年鉴

2.其他变量

综合考虑经济含义、研究规范、测度精确性以及数据可得性等条件,分别选取了适宜指标作为本章的控制变量。简洁起见,通过表5-2集中反映了本章所有变量的测度指标与数据来源。

表 5-2 变量测度与数据来源

变量类型	变量名称	字母代码	测度指标	预期符号	数据来源
因变量	产业创新转型	ITU	熵权法加权	/	见表5-1
感兴趣变量	风险投资	VCA	风险投资额/GDP	?	Wind 资讯 PEVC 库
	不良贷款率	NPL	商业银行不良贷款率	−	金融统计年鉴
控制变量 基础设定	对外开放度	OPE	进出口总额/GDP	+	中国统计年鉴
	R&D 经费强度	R&D	R&D 经费/GDP	+	科技统计年鉴
	城镇化	URB	城镇人口/总人口	+	中国统计年鉴
	人力资本	HCA	平均受教育年限	+	教育统计年鉴
	经济发展水平	GDP	实际人均 GDP	?	中国统计年鉴
	政府干预	GOV	财政收支之和/GDP	?	财政统计年鉴
	知识产权保护	IPP	1−知识产权侵权率	+	专利统计汇编
备选设定	市场化程度	MAR	1−国企固定资产投资占比	+	国研网
	企业家精神	ENT	私有单位就业人员比重	+	中经网及各省年鉴
	信息化发展	INT	互联网普及率	+	中国互联网信息中心

PEVC 包括天使投资、私募和风险资本等股权融资方式,Wind 资讯的中国 PEVC 库统计风险投资额的数据源包括:①清科、投中、IT 桔子等网站;②上市公

司招股说明书以及并购事件公告;③PE、VC机构官网。以上数据源基本能够完整覆盖我国创业风险投资的情况。商业银行依据借款人的实际还款能力将贷款风险进行五级分类,分别是:正常、关注、次级、可疑和损失,后三种为不良贷款。不良贷款率指商业银行不良贷款余额占总贷款余额的比重。R&D 经费为 R&D 经费内部支出;实际人均 GDP 是把名义人均 GDP 以 1992 年为基期按照各省历年 CPI 进行通胀调整得到的;平均受教育年限 $HUM=6 \cdot Prime+9 \cdot Middle+12 \cdot High+16 \cdot University$,其中 $Prime$、$Middle$、$High$ 和 $University$ 分别表示小学、初中、高中和大专以上文化程度教育人数占 6 岁以上总人口的比重;知识产权侵权率 $=crime_{it}/patent_{it}$,$crime_{it}$ 指 i 省 t 年知识产权侵权立案数,$patent_{it}$ 指该省当年知识产权授权数(代中强,2014)。

三、描述性统计与相关性检验

1.变量的统计性描述

在样本选择时,由于西藏及青海相关数据缺失,故在本研究中未予考虑。分省不良贷款率没有 2005 年之前的数据,本研究所需的最新数据截止到 2014 年。因此,本章最终选用 2005—2014 年我国 29 个省的面板数据进行实证分析,各变量的描述性统计指标如表 5-3 所示。表 5-3 最后一列还显示了各自变量的方差膨胀因子(VIF),最大的为 7.32,小于 10,表明模型的多重共线性不严重。考虑到不同变量在数量级上差别巨大,为便于回归系数理解,回归前按比例进行了适当缩放。

表 5-3 变量的统计性描述

变量	样本量	均值	标准差	最小值	最大值	偏度	峰度	VIF
ITU	290	0.034	0.029	0.010	0.161	2.643	10.511	—
VCA	290	0.003	0.009	0.000	0.086	5.365	36.913	7.320
NPL	290	0.041	0.052	0.004	0.248	1.900	6.163	6.710
OPE	290	0.346	0.414	0.040	1.721	1.850	5.364	4.590
R&D	290	0.014	0.010	0.002	0.061	2.487	10.569	4.310
URB	290	0.514	0.144	0.269	0.896	1.025	3.719	2.790
HCA	290	8.673	0.956	6.378	12.028	0.669	4.387	2.660

（续表）

变量	样本量	均值	标准差	最小值	最大值	偏度	峰度	VIF
GDP	290	14 110.050	8 079.242	2 569.465	41 580.520	1.031	3.492	2.150
GOV	290	0.289	0.088	0.138	0.550	0.682	2.837	2.110
IPP	290	0.977	0.021	0.879	0.997	−1.884	7.240	1.670
MAR	290	0.691	0.098	0.419	0.886	−0.219	2.440	2.120
ENT	290	0.226	0.123	0.057	0.716	1.565	5.346	4.230
INT	290	0.302	0.173	0.029	0.740	0.374	2.353	7.230

2.变量的相关性检验

在进行正式的基础回归分析之前，为对变量间的关系有一个初步了解，在表5-4中列示了所有变量之间的相关关系矩阵。由表5-4可知，风险投资与产业创新转型正相关；不良贷款与产业创新转型负相关。但由于存在遗漏变量、模型误设、联立因果等一系列内生性问题，这个简单相关分析中的任何一个结果显然都不能作为实证结论来接受，有待后文的正式回归模型加以进一步验证。

表5-4 变量间的相关系数矩阵

变量	ITU	VCA	NPL	OPE	R&D	URB	HCA	GDP	GOV	IPP	ENT	MAR	INT
ITU	1												
VCA	0.64	1											
NPL	−0.16	−0.09	1										
OPE	0.75	0.51	−0.15	1									
R&D	0.91	0.65	−0.26	0.71	1								
URB	0.69	0.45	−0.30	0.81	0.76	1							
HCA	0.67	0.47	−0.35	0.61	0.74	0.87	1						
GDP	0.48	0.26	−0.53	0.60	0.61	0.87	0.84	1					
GOV	0.08	0.14	−0.35	−0.09	0.01	−0.02	0.09	−0.06	1				
IPP	0.29	0.14	−0.31	0.33	0.45	0.43	0.33	0.40	−0.17	1			
ENT	0.64	0.44	−0.37	0.70	0.69	0.82	0.74	0.76	0.16	0.34	1		
MAR	0.06	0.08	−0.30	0.24	0.23	0.32	0.35	0.54	−0.42	0.28	0.33	1	
INT	0.341	0.198	−0.755	0.369	0.467	0.631	0.710	0.838	0.278	0.389	0.634	0.408	1

第四节 实证分析结果

一、基础回归结果

以示对比,本章先用混合最小二乘法(POLS)估计了计量方程(1),随后同时采用固定效应(FE)和随机效应(RE)进行了基础回归,回归结果如表5-5所示。表5-5中,模型(2)和模型(3)只放了风险投资VCA一个感兴趣变量,模型(4)和模型(5)只放了另一个感兴趣变量不良贷款NPL,模型(6)和模型(7)则同时包含了风险投资和不良贷款。模型(1)的结果很不理想,感兴趣变量都不显著,但因为没有考虑个体效应,这一模型很可能是错误的。虽然在表5-5模型(2)~(7)中,风险投资和不良贷款的回归系数符号基本保持一致,且与理论预期吻合,但考虑到模型(2)~(5)可能存在遗漏变量偏误,故选用模型(6)和(7)作为基础回归的最终结果。进一步,对模型(6)和(7)的回归结果进行了Hausman检验,结果表明应在1%的水平上拒绝随机效应的原假设,故选择FE模型(7)。

表5-5 基础回归结果

模型	(1) POLS	(2) RE	(3) FE	(4) RE	(5) FE	(6) RE	(7) FE
VCA	−0.008 2 (0.009 6)	−0.011 9* (0.006 8)	−0.019 4*** (0.006 5)	—	—	−0.013 7** (0.006 7)	−0.021 0*** (0.006 5)
NPL	−0.006 8 (0.018 3)	—	—	−0.025 5** (0.012 2)	−0.028 3** (0.011 7)	−0.028 0** (0.012 1)	−0.031 6*** (0.011 6)
OPE	0.219 3*** (0.027 9)	0.303 0*** (0.033 8)	0.249 7*** (0.045 0)	0.289 7*** (0.034 2)	0.253 6*** (0.045 2)	0.289 4*** (0.034 1)	0.241 2*** (0.044 5)
R&D	0.222 7*** (0.011 1)	0.124 3*** (0.015 8)	0.054 4** (0.021 7)	0.119 7*** (0.015 7)	0.059 1*** (0.021 8)	0.120 1*** (0.015 8)	0.055 0** (0.021 4)
URB	−0.160 5 (0.153 2)	0.366 7* (0.218 6)	1.043 4*** (0.287 4)	0.467 8** (0.226 7)	1.197 4*** (0.302 4)	0.549 1** (0.229 0)	1.296 8*** (0.298 5)
HCA	0.630 7*** (0.157 6)	0.416 6** (0.204 9)	0.205 6 (0.218 8)	0.494 3** (0.205 6)	0.362 7 (0.220 9)	0.462 3** (0.205 3)	0.287 1 (0.218 1)
GDP	−1.336 1*** (0.324 3)	−1.326 1*** (0.325 2)	−1.379 5*** (0.404 4)	−1.682 0*** (0.373 4)	−1.930 1*** (0.461 2)	−1.760 7*** (0.375 1)	−1.964 1*** (0.452 9)

（续表）

模型	(1) POLS	(2) RE	(3) FE	(4) RE	(5) FE	(6) RE	(7) FE
GOV	0.135 8 (0.085 4)	0.120 0 (0.108 9)	−0.002 9 (0.140 2)	0.031 6 (0.116 1)	−0.097 3 (0.148 0)	0.022 8 (0.116 4)	−0.125 8 (0.145 6)
IPP	−1.296 4*** (0.324 5)	−0.678 2 (0.458 9)	−0.355 9 (0.529 8)	−0.832 7* (0.463 3)	−0.584 8 (0.534 9)	−0.823 5* (0.463 0)	−0.498 0 (0.525 8)
C	0.689 7*** (0.244 2)	0.718 0*** (0.189 3)	0.762 4*** (0.217 1)	0.972 7*** (0.232 7)	1.084 3*** (0.262 5)	1.039 9*** (0.234 0)	1.158 3*** (0.258 7)
样本量	290	290	290	290	290	290	290
省份个体效应	否	控制	控制	控制	控制	控制	控制
R^2	0.884 5	0.166 9	0.218 5	−	0.209 3	0.199 8	0.241 0
F/Wald 统计量	246.926 0***	319.36***	8.841 2***	320.02***	8.372 5***	313.29***	8.891 1***
Hausman 检验	−	−	−	−	−	45.06***	−

注："***""**""*"分别代表在1%、5%、10%水平上显著；括号内的数均为普通标准误；POLS和FE模型报告的是F统计量，RE报告的是Wald统计量；POLS报告的是调整R^2，其他模型报告的都是组内R^2。

模型（7）的基础回归结果显示，不良贷款不利于产业创新转型，这与前文的理论分析一致；风险投资也不利于产业创新转型，这需要结合前文的理论分析和我国风险投资来源主体现实进行进一步解释。但在对实证结论做详细解释之前，还有必要对上述回归结果进行进一步的稳健性检验和内生性处理，以确保所得结论的可靠性。

二、稳健性检验与内生性处理

1.稳健性检验

为检验基础回归结果的准确性及可靠性，本章从以下两方面对基础设定形式进行了稳健性检验：第一，利用省份聚类稳健标准误对表5-5模型（6）和（7）进行了重新回归，以避免标准误计算不准确导致的内部有效性威胁，结果列示在表5-6的模型（1）和（2）中，并进行了适用于聚类稳健标准误的过度识别检验，显示应该采纳FE模型（2），回归结果依然显著；第二，通过在基础设定形式中进一步依次加入市场化程度、企业家精神和信息化发展这三个备选控制变量，以判断扰动项条件均值独立于感兴趣变量的假设是否确实得以满足，结果列示在表5-6的模型（3）~（5）中，节省篇幅仅报告了FE的回归结果。结果显示，随着更多备选控制变量的依次加入，感兴趣变量的系数估计值均未发生大的变化。

表 5-6 稳健性检验及内生性处理

模型	稳健性检验					内生性处理	
	(1) RE	(2) FE	(3) FE	(4) FE	(5) FE	(6) FE-TSLS	(7) FE-GMM
VCA	-0.013 7*** (0.003 5)	-0.021 0*** (0.003 2)	-0.021 0*** (0.003 4)	-0.021 1*** (0.003 4)	-0.021 1*** (0.003 3)	-0.066 4*** (0.020 5)	-0.053 0*** (0.015 0)
NPL	-0.028 0** (0.013 1)	-0.031 6** (0.014 2)	-0.033 9** (0.013 9)	-0.036 0** (0.014 3)	-0.032 9** (0.014 1)	-0.022 6** (0.011 2)	-0.023 1** (0.010 7)
OPE	0.289 4*** (0.055 4)	0.241 2*** (0.066 7)	0.255 9*** (0.067 4)	0.253 3*** (0.066 6)	0.254 1*** (0.066 0)	0.171 6* (0.101 7)	0.185 7* (0.096 4)
R&D	0.120 1*** (0.034 5)	0.055 0 (0.035 3)	0.060 1* (0.032 2)	0.054 4* (0.031 3)	0.053 0* (0.029 7)	0.037 2 (0.027 9)	0.029 5 (0.025 7)
URB	0.549 1* (0.320 4)	1.296 8*** (0.435 2)	1.298 0*** (0.415 2)	1.304 8*** (0.400 1)	1.296 2*** (0.405 5)	1.467 3*** (0.445 1)	1.383 7*** (0.418 5)
HCA	0.462 3** (0.202 7)	0.287 1 (0.197 2)	0.264 9 (0.191 5)	0.261 7 (0.192 9)	0.250 8 (0.193 4)	-0.006 8 (0.220 2)	0.132 8 (0.164 4)
GDP	-1.760 7*** (0.369 3)	-1.964 1*** (0.502 9)	-1.771 1*** (0.482 7)	-1.910 9*** (0.553 7)	-2.044 4*** (0.631 7)	-1.859 7** (0.802 3)	-1.735 0** (0.758 5)
GOV	0.022 8 (0.156 1)	-0.125 8 (0.233 9)	-0.137 2 (0.229 2)	-0.139 8 (0.231 5)	-0.147 3 (0.235 9)	-0.144 9 (0.277 8)	-0.114 9 (0.264 3)
IPP	-0.823 5 (0.524 6)	-0.498 0 (0.760 6)	-0.570 7 (0.758 3)	-0.433 3 (0.808 8)	-0.464 0 (0.829 1)	-0.611 4 (0.911 1)	-0.350 8 (0.836 2)
MAR	—	—	-0.316 4* (0.173 6)	-0.321 3* (0.176 3)	-0.319 2* (0.177 5)	-0.554 2** (0.267 7)	-0.412 0* (0.218 1)
ENT	—	—	—	0.087 9 (0.128 1)	0.091 8 (0.131 3)	0.033 2 (0.116 8)	0.035 6 (0.111 7)
INT	—	—	—	—	0.011 2 (0.020 9)	0.019 7 (0.044 7)	0.005 9 (0.040 8)
C	1.039 9*** (0.240 1)	1.158 3*** (0.298 0)	1.151 9*** (0.290 8)	1.278 8*** (0.383 4)	1.433 5*** (0.505 9)	1.600 5** (0.701 7)	—
样本量	290	290	290	290	290	232	232

(续表)

模型	稳健性检验					内生性处理	
	(1) RE	(2) FE	(3) FE	(4) FE	(5) FE	(6) FE-TSLS	(7) FE-GMM
省份个体效应	控制	控制	控制	控制	控制	控制	控制
R^2	0.191 8	0.241 0	0.252 0	0.254 2	0.255 0	0.060 4	0.119 8
F/Wald	127.71***	35.612 3***	27.228 7***	27.542 6***	26.021 8***	415.25***	3.962 3***
过度识别检验	86.271***	—	—	—	—	—	—

注:"***""**""*"分别代表在1%、5%、10%水平上显著;括号内的数均为省份聚类稳健标准误;模型(1)和(7)报告的是Wald统计量,其他都是F统计量;模型(7)报告的是中心化R^2,其他都是组内R^2。

综合以上两方面的稳健性检验可见,与表5-5基础回归结果(7)相比,感兴趣变量风险投资与不良贷款对产业创新转型影响的大小、符号与显著性均未发生明显变化,故基础回归结果是可靠的。

2.内生性处理

内生性将导致模型估计有偏且不一致,因此,对模型内生性进行讨论和处理是因果推断的核心环节。本章中,感兴趣变量风险投资会对产业创新转型产生影响,与此同时,产业创新转型过程中必然伴随着大量创新创业型企业的产生,从而增加对风险投资的需求,使得风险投资与产业创新转型之间产生双向因果关系,使风险投资极有可能成为时变内生变量。因此,本章运用面板工具变量法,采用风险投资的滞后1期和滞后2期同时作为水平风险投资的工具变量,对原回归方程进行了固定效应二阶段最小二乘估计(FE-TSLS)和固定效应广义矩估计(FE-GMM),回归结果列示在表5-6模型(6)和(7)中。这一模型同时解决了个体异质性引起的遗漏变量偏差和时变内生解释变量问题,可提高得到一致估计的可能性。表5-6模型(6)和(7)的回归结果与表5-5模型(7)的基础回归结果相比,虽然感兴趣变量风险投资与不良贷款的回归系数大小有了一定变化,但符号和显著性均保持不变;这说明在回归模型中更好地处理了内生性问题以后,基础回归得到的实证结论依然成立,能作为正式结论加以接受,可对此实证结论做进一步详细解释。

三、实证回归结果解释

1. 风险投资模式对产业创新转型的影响

通过表5-5模型(7)的基础回归分析,以及表5-6进一步的内生性处理和稳健性检验,发现风险投资的回归系数均显著为负,表明我国风险投资并未如预期般推动产业创新转型,反而对其产生了一定的阻碍作用。这一结论与一般的理论分析和经济现实不一致,故需要结合理论分析和我国风险投资现实加以详细解释。

在我国,支持创新创业的风险投资模式主要有两种。一种是市场主导的私人风险投资模式;另一种是政府主导的风险投资模式,这种模式又进一步细分为两类:第一类是政府对创新创业项目给予直接补贴或贴息贷款,简称创新基金;第二类则是政府引导基金,简称引导基金。在2008年以前,国外风投机构一直是我国风险投资行业的主要参与者;自2008年起,我国本土风投基金开始崭露头角,尤其是由政府和国企主导的风投基金得到了迅猛发展,逐渐成为我国风险投资行业的主力军。

首先,从绝对规模来看,根据《科技型中小企业技术创新基金2013年度报告》,截至2013年底,创新基金累计中央财政预算投入268.26亿元,累计扶持46282个项目。伴随着"双创"浪潮,从2014年起,国家引导基金的规模也急剧扩大,截至2015年底,共有780个国家引导基金管理2.18万亿元基金,这是2015年全球风险投资机构融资量的5倍,是美国小企业投资公司项目管理资金的100倍(郭迪,2017)。

其次,从我国风险投资的资本来源构成看,各种来源的统计资料都显示:国家实施的风险投资占我国风险投资总额的比重很高。历年《中国创业风险投资发展报告》显示,仅政府和国有独资资金一项在我国风险投资中的占比就常年在30%以上,再加上政府和国企对非政府独资或非国有独资创业风险投资的持股部分,我国政府及国企直接或间接控制的创业风险投资资金会更高。而在2016年,个人和民营机构投资仅占中国创业风险投资总额的25.44%。表5-7更清晰地表明,2006-2015年,国家主导的(包括财政预算出资和国有机构投资)创业投资份额处于55.5%~81.8%之间,民营资本(包括非国有机构、个人和外资三项)占比则位于 18.2%~45.5%之间。民营资本的创业风投份额虽呈逐渐上升态势,但没有改变我国创业风投由国家主导的格局。

我国风险投资的这一资本来源结构决定了其对产业创新转型的效果。一般来讲,风险投资的营利模式与产业创新转型的高风险、高收益特征具有良好的匹配性,使风险投资有利于为产业创新转型提供金融支持;然而,风险投资支持创新和产业升级是有条件的,除了提供金融资金这一必要前提外,还必须确保资本配置的高效率。根据前文的理论分析,政府主导的风险投资资金却会产生预算软约束、多级委托-代理、绩效评价困难、决策偏差等一系列问题,导致政府主导的风险投资难以甄选出真正有前景的技术创新项目,很可能选出一些不具创新潜力的项目,而且这些没有前景的项目一旦被政府选定,还很难退出市场,激励难题以及优胜劣汰机制瘫痪使得创造性破坏过程被终止,产业创新转型也就难以发生。

表 5-7　2006-2015 中国创业投资企业按投资人属性分类的实到资本来源结构(%)

投资人属性/年份		2006	2007	2008	2009	2010	2011	2012	2013	2014	2015
国家主导	财政预算	33.00	29.10	24.02	22.14	17.92	15.98	15.37	15.53	15.18	15.54
	国有机构	48.80	49.44	45.01	46.42	43.21	40.67	40.75	40.16	40.78	40.03
民营资本	非国有机构	12.74	15.37	19.06	18.65	25.53	28.28	28.05	29.13	29.12	29.74
	个人	4.27	5.19	9.00	10.47	10.76	12.78	14.15	13.8	13.64	13.57
	外资	1.19	0.90	2.91	2.32	2.58	2.29	1.68	1.38	1.28	1.12

数据来源:徐晓波,沈志群主编.中国创业投资行业发展报告 2016. 北京:企业管理出版社,2016,第 30~32 页.

2.不良贷款状况对产业创新转型的影响

根据表 5-5 模型(7)的基础回归结果,以及表 5-6 经过稳健性检验和内生性处理后的分析结果,发现不良贷款的回归系数均显著为负。这表明,不良贷款的增加不利于推进产业创新转型。一方面,过高不良贷款的长期存在使得有限的资金被生产效率低、生产经营困难的落后企业长期占用,这不仅降低了金融资源的利用效率,还引起了资金的严重浪费。同时,使得技术创新、技术转化、技术改造、新企业进入等产业创新转型活动缺乏应有的金融支持,从而阻碍产业创新转型。另一方面,我国商业银行作为预算软约束组织和预算软约束支持体的双重角色,不良贷款率越高,意味着整个经济体系中存在的预算软约束问题越严重,也预示着市场上充斥着越多已失败、理应破产的"僵尸"企业,这不仅浪费和占用了资金、人才、物质等经济资源,还阻塞了市场空间,使得有活力的新企业更难进入市场,从而严重制约了以创造性破坏为特征的产业创新转型机制。

3.控制变量对产业创新转型的影响

根据Stock等,在因果推断框架下,如果存在至少一个与影响被解释变量的遗漏因素相关的解释变量,则OLS无偏性的关键假定——条件期望为零,将不成立,此时OLS估计量将产生遗漏变量偏差,使得所有变量的回归系数估计产生偏差和不一致。在此情况下,可退一步引入条件均值独立性假定(Stock et al, 2019)。控制变量的作用在于使感兴趣变量类似于随机分配的,从而确保误差项条件均值独立于感兴趣变量的假设得以满足,以解决感兴趣变量估计遭受的遗漏变量偏差。在这一条件满足时,可以证明:感兴趣变量系数的OLS估计是无偏且一致的,可赋予其对被解释变量的因果解释;然而,由于控制变量通常仍然与误差项相关,故其OLS系数一般是有偏和不一致的,无法解释为确切的因果效应。鉴于此,无论控制变量的估计是否与预期相符,都无法保证是反映真实的因果效应。所以,本章中的控制变量仅作为一种工具,用于识别感兴趣变量的真实因果效应,而对控制变量本身进行解释并无实际意义。

第五节 结论与建议

本章首先从理论上深入探讨了风险投资和商业银行不良贷款影响我国产业创新转型的内在机制,并对提出的相应假说进行了实证检验。本章研究发现:第一,风险投资不利于我国产业创新转型。结合理论分析与我国风险投资内在构成的宏观数据,本章认为这主要是由于我国风险投资的政府主导模式所造成的。第二,不良贷款会导致金融资源配置效率低下,从而阻碍创造性破坏的熊彼特动态过程,也不利于推动我国产业创新转型。结合理论与实证研究结果,本章的研究可得到如下政策启示。

首先,应扩大私有风险投资的比例,让市场主导的风投模式在创新创业融资中发挥核心作用。私有风险投资的最大优势在于,它不仅能为创新创业活动提供必要的资金支持,更重要的是能确保资本配置过程的高效率。通过精心的合约设计,私有风险投资能有效解决由多级委托-代理产生的道德风险问题,而其扁平化的决策过程则确保了投资决策基于第一手资料,使资金能够精准配置到真正有潜力的创新项目上。此外,客观明确的绩效评估体系为投资业绩的事后评判提供了可靠依据。一旦发现所投项目成功无望,预算硬约束机制确保资金能够迅速抽离,及时止损的同时也为其他更有前景的项目腾出资金。这一资本配置过程既保证了有前景的项目得到支持,也促使了糟糕项目能够被及时清理,使得创造性破坏的熊彼特动态机制得以顺畅运行,产业创新转型也就水到渠成。跨国比较也发现,以美国为代表的市场主导的私人风投模式在推动创新与增长方面表现最为出色,而欧盟等经济体模仿美国经验而实施的政府主导的风险资本模式则绩效不佳。这表明市场有其自身的规律和独特优势,能够孕育出良好的创新生态,而试图用政府计划去强力干预、模仿市场运作的做法往往适得其反(许成钢,2017)。当前,在我国创新创业融资中,市场化运作的私人风投模式的地位和所占份额仍然较低。因此,提高其比例,使其成为我国创新创业融资的主力军,对于推动我国产业创新转型具有至关重要的意义。

其次,应完善政府管理的风险投资体制机制,以缓解政府从事风险投资引发的一系列问题。政府从事风险投资的经济学依据在于所投项目具有正外部性。实际上,即使社会收益大于私人收益,但如果私人收益仍大于私人成本,市场依然是有效的。只有那些社会收益远超私人收益,而私人收益不足以覆盖私人成本的创新项目,才需要政府进行投资。我国政府可以利用公共风投基金,在具有正外部性的创新创业领域发挥更大作用。然而,若政府在市场有效的领域内经营,只会被挤出市场,对整个经济不仅无额外贡献,反而可能产生预算软约束、多级委托-代理问题、绩效评价困难、决策偏差等一系列问题。总之,虽然政府主导的风险投资也能为创新和产业升级提供资金支持,但其最大的弊端在于难以确保资本配置过程的高效率。这一问题在政府主导的情况下难以根除,但可以通过完善风险投资管理体制来加以缓解。第一,在挑选创新项目时,应成立由官员、学者和实业界人士构成的多元决策专家委员会,并从晋升、财富、声誉等方面建立多维度的专家激励机制;第二,中央政府应将风险投资基金的管理和操作权力下放给地方政府,地方政府再进一步下放相应权力,这种扁平化的决策过程有利于基于第一手资料而非纸质文件来做出投资决策;第三,应建立客观清晰的第三方投资绩效评估体系,为事后评价投资成败提供可靠依据。同时,也要建立失败项目的预警机制,一旦所投资项目超过风险阈值,能确保及时终止投资。

最后,应控制商业银行不良贷款率,并大力发展资本权益型融资方式。在我国,政府和银行联手成为企业预算软约束的支持体,这导致许多本应破产的失败企业得以继续存活,造成金融资源低效利用,阻碍了创造性破坏的产业创新转型过程。不良贷款率的高低正是这一问题严重程度的直接反映。尽管从风险与收益匹配的角度来看,一个健康运营的商业银行体系及其伴随的低不良贷款率,在表面上可能不直接利于满足产业创新转型的融资需求;但从更深层次考虑,它能够通过硬化原有的预算软约束体制,为优胜劣汰的产业创新转型过程创造一个更具竞争性的产业进入与退出环境。因此,一个良好运行的商业银行系统对产业创新转型至关重要。此外,长期高企的商业银行不良贷款率还可能预示着我国金融结构现状与当前创新转型的需求不匹配。债务型金融(如银行、债券)以还本付息和稳健经营为宗旨,这与低风险、低收益的简单复制及模仿创新活动相契合,此时不良贷款率通常不会系统性过高。然而,若用债务型金融去支持高风险、高收益的准前沿及前沿性创新创业活动,由于风险与收益的不匹配,必然导致不良贷款率系统性上升,进而降低金融体系的整体运作效率。因此,为适应我国经济由技术模仿向前沿创新转型的需要,金融结构必须相应地从债务型金融向资本权益型金融转变。这样的转变不仅有助于降低银行坏账率,更能为创新创业和产业升级提供更为有效的金融支持。

第六节 本章小结

本章从风险收益匹配性的理论视角,深入探讨了风险投资对产业创新转型的内在影响机理,并着重对比了市场运营型和政府主导型这两种风险投资模式对经济结构创新转型的差异化影响。同时,也详细阐释了不良贷款阻碍产业创新转型的影响机制。在实证研究方面,首先,通过熵权法对14项统计指标进行加权,构建了我国29省2005-2014年的产业创新转型指数;随后,采用静态面板数据模型,对提出的理论假说进行了实证分析和稳健性检验。研究发现,政府主导的风险投资模式会产生预算软约束、多级委托-代理、绩效评价困难、决策偏差等一系列问题,不利于产业创新转型;而不良贷款会导致金融资源的低效配置和阻碍创造性破坏的熊彼特动态,也不利于推动我国产业创新转型;最后,结合经济理论与我国经济的现实,本章为提出如下政策建议:第一,应扩大市场运营型风险投资的比例,使其在创新创业融资中发挥主导作用;第二,应完善政府管理型风险投资的体制机制,以缓解其引发的一系列问题;第三,应控制商业银行的不良贷款率,并大力发展资本权益型融资方式。这样才能为我国创新型国家建设和高质量发展目标实现提供坚实的金融支持。

本章研究的不足之处在于,由于省级层面只有风险投资的总体数据,缺乏按政府和市场来源统计的具体分项数据,所以未能通过计量回归方法直接验证本章关于风险投资来源影响产业创新转型的假说1,只能借助全国宏观层面的数据对实证结论进行解释,未来在数据可得时可沿此方向进一步研究。

第六章 异质创新对全球价值链动态升级的影响研究

第一节 引言

20世纪60年代以后,由于劳动力成本上升和竞争压力增大,发达国家开始积极推进外向型加工政策。与此同时,发展中国家和地区也面临市场规模受限、效率低下、腐败寻租等问题,因此逐渐放弃了进口替代型的封闭战略,转而通过加强和深化国际经济联系来谋求新的发展路径。这些变化为世界两大要素禀赋结构迥异的经济板块提供了互动融合的契机,从而成为全球价值链分工广泛深入发展的基础背景。

此外,随着运输方式和信息通信技术的迅猛发展,运输成本和信息成本等交易费用大幅降低,推动国际分工从产业层面深化到产品层面,再进一步延伸至工序层面。这使得产品内国际工序贸易成为当代经济全球化中最重要、最普遍的贸易类型。产品内国际工序分工(或GVC分工)是一种新型国际分工形式,极大地拓展了国际贸易的范围、潜力和深度。伴随产品内国际工序分工,产生了为出口而进口、复进口、复出口等现象,这是理解当今世界贸易增长快于GDP增长的重要视角(卢峰,2004)。

由于中国的改革开放与全球工序分工发展的大浪潮正好契合,中国在较短的时间内,从一个近乎封闭的经济体演变成"世界工厂"。中间品贸易和加工贸易是全球价值链分工的典型形态。根据联合国 COMTRADE 数据库汇总计算,中国中间品进口金额从 1995 年的 893 亿美元增加到 2023 年的 20279 亿美元,占总进口比重由 49%提高到 79.4%(根据 BEC 分类标准,将中国海关数据库区分为有中间品进口和无中间品进口的企业,分别进行加总计算得出)。加工贸易出口额则从 1981 年的 11 亿美元飞跃至 2022 年的 8091 亿美元,占总出口额的比重从 1981 年的 5%上升到 2005 年的峰值 55%,随后有所下降,但在 2022 年仍占 23%(根据《中国统计年鉴》《中国贸易外经统计年鉴》《中国商务年鉴》和全国年度统计公报提供的原始数据计算得到)。多年以来,加工贸易在中国贸易总额中占据了约一半的份额,因此,嵌入全球价值链不仅是中国参与全球化大生产的主要途径,也是推动中国快速大幅开放的重要力量。

然而,在认识到上述巨大成就的同时,也应该正视如下事实:由于中国总体上是在高端创新要素稀缺、技术水平偏低的背景下,凭借非熟练劳动力、自然资源、环境投入等中低端要素融入国际分工的,这决定了中国在国际工序分工图景中仍主要集中在劳动密集型区段。这导致两方面的后果:第一,在 GVC 中,我国还处于微笑曲线底部的中低附加值环节,因此获得的贸易利益相对较少;第二,产品价值链的核心环节和关键技术高度依赖国外供应,产业发展尚未实现自主可控,存在受制于人的风险。这事实上形成了全球价值链上一种新型的"中心-外围"(core-periphery)结构。

如今,面对低成本优势丧失、资源生态危机、逆全球化趋势以及国际经济的百年未有之大变局,中国必须转型升级传统的开放经济发展模式。我国需要从承接非核心零部件生产、代工、组装等全球价值链(GVC)上的外围环节,向主导总部运营、研发设计、物流配送、营销服务等知识密集型高附加值中心区段攀升。只有这样,我国才能在传统比较优势丧失后,逐步建立新的比较优势,构建安全可靠、自主可控的全球价值链体系,形成以国内大循环为主体、国内国际双循环相互促进的新开放发展格局。根据赫克歇尔-俄林理论,一国或地区在国际分工中的地位是由其要素禀赋结构内生决定的。因此,提升我国国际分工地位的根本途径在于优化我国的要素禀赋结构,其核心在于加快技术创新步伐,持续提升科技创新对实体经济发展的贡献度。但必须明确的一点是,技术创新是分层次的,根据技术的前沿程度和认可广泛性,技术创新可分为低端、中端、高端等多个层次。经济学理论以及国际经济发展史表明,不同层次的技术创新在驱动一国国际分工地位提升上的作用截然不同。越是高端的创新,越能显著提升贸易利益并确保产业安全。

经过多年的积累,中国在简单复制、技术模仿等中低水平创新上已取得显著成果。然而,在前沿突破型高水平技术创新方面,我国仍然发展不足,存在许多"卡脖子"的技术难题。通过整体优化创新结构来驱动国际分工地位攀升,已成为我国经济高质量发展的必然要求。

本章以比较优势理论为分析基础,紧密结合中国经济现实与当代经济全球化发展图景,理论和实证研究了多层次异质创新对中国加工贸易地位动态升级的差异化影响。在理论研究上,这拓展和丰富了要素禀赋理论的分析逻辑,使之可以探讨异质创新对产品内贸易分工形态和动态升级的影响;在实证方法上,本章对技术创新的三个不同层次进行了量化区分,并进一步识别了各层次创新对全球价值链动态升级的差异化影响;在政策实践上,本章明确提出了开展何种创新才能有效提升中国在全球价值链中的分工地位,这对于思考如何使中国摆脱GVC低端分工困境、实现经济开放战略转型、构建自主可控的国际分工体系以及形成国内国际双循环新发展格局具有重要意义。

关于技术创新对国际贸易表现的影响。首先,已有大量外文文献从理论或实证角度探讨了研发或技术创新活动对出口与否、出口规模、出口强度及进口量等贸易数量表现的影响(Greenhalgh, 1990; Anderton, 1999; Basile, 2001; Roper et al, 2002; Guan et al, 2003; Rodil et al, 2016)。然而,探讨技术创新对总体贸易结构升级影响的文献则相对较少,并一致认为技术创新对贸易结构升级具有正向促进作用。早期的一些理论与实证研究指出,一国的要素禀赋结构(相对要素成本)会影响其创新模式。节约要素的市场力量会引导创新活动向密集使用该国相对昂贵(稀缺)生产要素的产业(赫克歇尔-俄林理论下的进口产业)集中,若这样的创新最终导致了出口,那么将出现与赫克歇尔-俄林理论预期不一致的贸易模式,这成为解释里昂惕夫悖论的一个新视角(Hicks, 1932; Fellner, 1961; Vernon, 1966; Davidson, 1979)。该研究的深层含义在于,技术创新有可能改变贸易模式并优化贸易结构。Redding 的理论分析进一步指出,发展中国家可能需要在以下两种策略之间做出权衡:一是根据现有比较优势去专业化生产低技术产品;二是率先进入当前缺乏比较优势,但可以通过潜在生产率增长而在未来获取比较优势的高技术产品生产部门(Redding,1999)。由于比较优势是由过去的技术变化内生决定的,同时塑造了现在的创新速率。因此,严格遵循自由贸易下的现有比较优势进行专业化可能会造成福利损失,而选择性干预可能带来福利的提升。这一研究表面来看为实施赶超战略提供了理论基础,但其实强调了技术进步和生产率增长对贸易结构优化的核心决定作用。Dipietro等的跨国回归分析揭示,更高水平的创造性活动及其构成将提升技术产品在制造业出口中的份额(Dipietro et al, 2006)。Sandu等利用欧盟面板数据的实证研究也发现,提高私人和公共研发经费投入强度将增加中、高技术产品的出口份额(Sandu et al, 2014)。

其次,现有文献从技术创新以及其他广泛影响因素出发研究了全球价值链动态升级的原因。加工贸易作为全球价值链分工的典型形态,已经引起了广泛的学术关注。诸多中文实证研究文献一致发现:技术创新对中国加工贸易的升级起到了推动作用,进而提高了中国在全球价值链中的位置和层次(刘德学等,2010;杜晓英,2014;刘海云等,2015;尹华等,2018;凌丹等,2018)。此外,一些研究还发现,人力资本促进了加工贸易升级和出口升级,且这一促进作用是通过直接效应或经由技术创新的中介效应而发生的(张明等,2010;程锐等,2019;周茂等,2019;毛其淋,2019)。

最后,一系列中外文献还进一步确认了制度环境、国际技术溢出、外资进入、城市劳动参与率、人口红利、融资约束、政策不确定性等多重因素对产品出口质量、加工贸易升级和GVC分工地位产生的重要影响(Hausmann et al, 2003;Faruq, 2011;张庆霖等,2011;翟士军等,2015;马述忠等,2017;张夏等,2019;铁瑛,2019)。这些文献为本章合理选择控制变量集提供了理论依据,从而有助于我们识别感兴趣变量的因果效应。

综上所述,已有研究拓展和加深了我们对技术创新如何影响总体贸易的数量、结构以及全球价值链动态升级的认识。然而,现有研究仍存在两点值得补足之处,这也正是本章的边际贡献所在。首先,已有研究尚未对技术创新影响全球价值链动态升级的理论机制构建数理模型。本章将借助代数与几何图形,规范化地分析技术创新影响产品内国际工序贸易的理论机制,进而拓展和丰富了要素禀赋理论的分析逻辑,使这一传统贸易理论能够分析技术创新要素对全球价值链这一新型国际分工形态的影响。其次,已有文献在研究创新对全球价值链动态升级的影响时,往往对创新概念进行笼统处理,未将其按照技术前沿性区分为不同的层次,更未深入考察异质创新对加工贸易表现的差异化影响。基于此,本章从中国创新转型的经济现实出发,根据国内专利不同类别和国际 PCT 专利在技术突破性和知识原创力方面的差异,将技术创新细分为低端、中端和高端三个层次,并通过实证研究探讨这三者对全球价值链动态升级的异质影响。针对开展何种创新才能切实提升中国在全球价值链上的分工地位这一问题,本章给出了明确的结论。在当前扎实推进经济高质量发展和现代经济体系建设的背景下,本章研究结果对于思考科技创新与实体经济的协同发展具有重要的启发意义。

本章后续内容安排如下:第二节将详细分析异质技术创新影响全球价值链动态升级的内在理论机制;第三节介绍实证研究的设计方案;第四节汇报实证研究结果;第五节总结研究结果并进行讨论;第六节进行本章小结。

第二节 异质创新影响全球价值链升级的理论机制

由于加工贸易在分工形态上属于典型的国际工序分工,因此,这部分将在产品内国际工序分工的框架下,深入探讨技术创新对全球价值链动态升级的理论影响。产品内分工意味着同一产品生产过程包含的不同工序、区段和环节,被拆散并分到不同国家或地区进行,由此形成了以工序、区段和环节为对象的国际分工新体系。这种分工模式使得国际分工已从产业和产品层面进入到工序层面。尽管如此,产品内分工的起因、模式和动态演化仍然可以借助传统的比较优势原理来进行分析[1]。接下来,将首先利用要素禀赋理论解释产品内分工的利益来源,然后进一步阐释技术动态变化对全球价值链动态升级的影响。以下分析

---

[1] 产品内国际工序分工的出现表明,从产业或产品维度来界定要素密集度会过于宽泛,而从工序维度来界定则更合理与精准。举例来说,虽然服装产业总体上被视为劳动密集型产品,但其设计环节却是技术密集型的;同样,苹果手机虽然是高科技产品,但其非核心零部件(如机壳等)的制造以及组装等工序环节则属于劳动密集型。在国际工序贸易框架下,H-O 理论的比较优势分工原则实际上是将区位的要素禀赋类型与产品的工序区段(而非与整体产品或产业)进行匹配。

模型是在 Deardorff 和卢锋研究成果的启发下构建的(Deardorff, 1979; Deardorff, 2001;卢锋,2004)。

一、比较优势与产品内分工的利益

要素禀赋理论表明,若满足一些假定,那么要素禀赋结构存在差异的两个国家,在生产要素密集度不同的产品时,其封闭条件下的相对价格将会有国际差异,从而通过国际分工与贸易可以产生额外的经济利益。这些假定包括:(1)两国相同商品的生产函数相同;(2)两国消费者偏好相同;(3)规模收益不变;(4)两国商品市场和要素市场均为完全竞争市场,且不存在外部经济性;(5)不存在运输成本或其他形式的贸易壁垒;(6)要素在一国内部可自由流动,但不能跨国流动。要素禀赋理论是以产业和产品为分析对象的,假设特定产品的所有生产环节都必须在一国内部来完成。然而,根据卢锋的研究,若同时满足产品生产过程包含不止一道工序、各工序的要素密集度不同、工艺或技术允许不同工序可在空间上分离且分离成本不高这四个条件,产品内国际工序分工将可能产生,且可以将要素禀赋理论的逻辑框架用于解释其起因(卢锋,2004)。

在经济学中,技术创新根据需要可被处理为投入要素、生产函数和产出。为了运用要素禀赋理论框架来研究技术创新对全球价值链动态升级的影响,本章将创新视为投入要素,并进一步将所有要素划分为两类:技术性投入要素(科技专利、科技人力资本、R&D 经费投入、科研机构与设备等)与非技术性投入要素(如自然资源、物质资本、非熟练劳动力、企业家才能等)。如图 6-1 所示,纵轴 OT 表示技术投入要素,横轴 ON 表示非技术投入要素。假设产品 X 的生产包含两道工序:技术密集型工序 X_1(要素投入向量为 OR)和非技术密集性工序 X_2(要素投入向量为 OK)。加总向量 OR 和 OK 可得向量 OP(ORPK 为平行四边形),即为 A 国完成产品 X 生产的总要素投入向量。OX_1 和 OX_2 分别为工序 X_1 和 X_2 的生产扩张线(在 A 国的相对要素价格下得到)。AC 和 BD 分别为 A 国和 B 国的单位等成本线,设二者相交于 Q 点。AC 比 BD 更陡峭(斜率的绝对值更大),表明 A 国技术对非技术要素的相对价格更低,为技术丰裕的发达国家;而 B 国为非技术因素丰裕的发展中国家。根据赫克歇尔-俄林(Heckscher-Ohlin)定理,技术密集的工序 X_1 应该在技术丰裕的 A 国进行生产,非技术密集的工序 X_2

则应该在非技术因素丰裕的 B 国生产,由此便产生了同一产品生产的国际工序分工。下面,在图 6-1 中展示国际工序分工的成本。由于 OX_2 是在 A 国要素相对价格下(X_2 的等产量线与平行于 AC 的等成本线相切于 K 点)得到的,为了找出 X_2 在 B 国的生产成本,将 BD 线向左下平移至 B_1D_1,使之与 X_2 的等产量线相切。B_1D_1 与 OQS 交于 K′,过 K′做一条与 AC 平行的直线 A_1C_1,则 A_1C_1 必定与 B_1D_1 具有相同的价值,这就是工序 X_2 在 B 国的生产成本,显然低于其在 A 国的生产成本(由过 K 点且平行于 AC 的直线表示。为简洁,未画出)。将工序 X_1 的要素投入向量 OR 向右上平移至 K′P′,则可得到产品内国际工序分工背景下 X 产品生产的要素总投入 OP′,过 P′点做平行于 AC 的直线 A_2C_2,即得 X 产品在国际工序分工背景下的总生产成本。

为看出国际工序分工带来的成本节约,考虑 X 产品生产的另外三种方式:(1)全能生产。A 国既生产工序 X_1,也生产工序 X_2。根据向量加法,将 OR 平移至 KP,过 P 点的直线 AC 即为此时的生产成本。AC 在 A_2C_2 外侧,表明生产成本更高,原因是 A 国生产了不具比较优势的工序 X_2。AC 与 A_2C_2 间的差距即为国际工序分工的成本节约。(2)赶超战略。B 国既生产工序 X_1,也生产工序 X_2。将 BD 平行外移,直至与 X 的单位价值等产量线相切(未画出)。由于 AC 与 BD 价值相同,故赶超战略下的生产成本还要高于全能生产,原因在于技术不丰裕的 B 国在技术密集型工序 X_1 的生产上没有比较优势;另一方面可见,将工序 X_1 和 X_2 的要素投入进行向量加总后(OP 代表),X 整体而言是技术密集的,故技术不丰裕的 B 国没有比较优势。由此也可以看出,在要素禀赋基础不具备的情况下,强行生产高技术密集型的工序环节,由于没有比较优势,企业会缺乏独立生存能力,使得这种赶超战略难以持续,从而也不能作为促进产业内分工地位改善和产业内贸易升级的可行举措。(3)国际错误分工。A 国生产 X_2,B 国生产 X_1。这种情况下的总生产成本同样可以用前述向量加总的方法得出,但为避免图 6-1 过于繁杂,本书未演示这种情形。很显然,由于每道工序的生产都与比较优势分工原理相悖,成本必然最高,X 的总生产成本无疑也将最高。对比 X 生产的四种方式,产品内国际工序分工的成本是最低的,也显示了根据国家要素禀赋结构和工序要素密集度决定的比较优势进行国际分工,会产生新的利益。

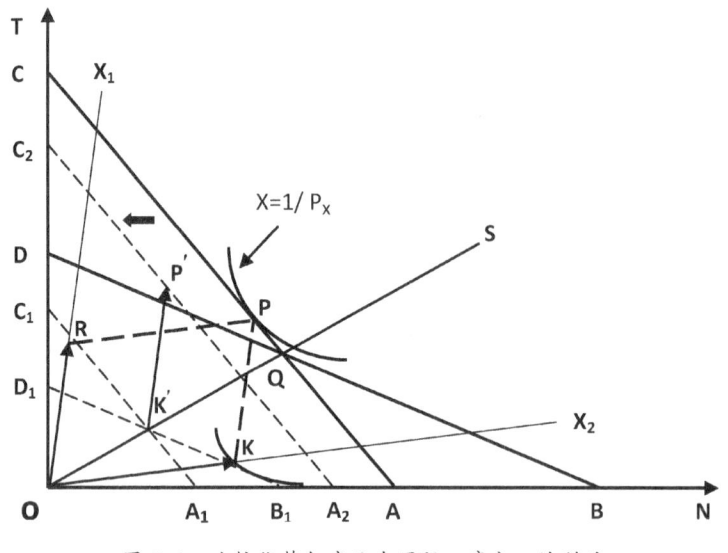

图 6-1 比较优势与产品内国际工序分工的利益

二、技术动态变化与产品内国际工序贸易

在要素禀赋理论框架下,技术变化会以两种方式对产品内国际工序贸易产生动态影响:一是产品生命周期理论,同一工序的要素密集度随时间发生变化,但国家的要素禀赋结构不变。二是动态要素禀赋结构理论,这也是罗伯津斯基定理(Rybczynski Theorem)所探讨的内容,此时国家要素禀赋结构发生改变,但工序的要素密集度保持不变。这两种技术变化方式对全球价值链动态升级具有不同的影响,接下来分别进行详细分析。

1.工序生命周期与产品内国际工序分工

Vernon 提出的产品周期理论揭示了在产品生命周期的不同阶段,各类投入在总成本中的比重(即要素密集度)会发生变化,这使得拥有比较优势的国家也会相应地发生动态变迁,从而引起国际投资转向、贸易模式重组和全球产业转移(Vernon,1966)。本章在此处想阐明:作为发展中国家,若其非技术丰裕的要素禀赋结构本身未发生根本性改变,那么工序生命周期理论所蕴含的技术变化并不能推动这些发展中国家在全球价值链中实现动态升级,这一点可以通过图 6-2 加以阐释。

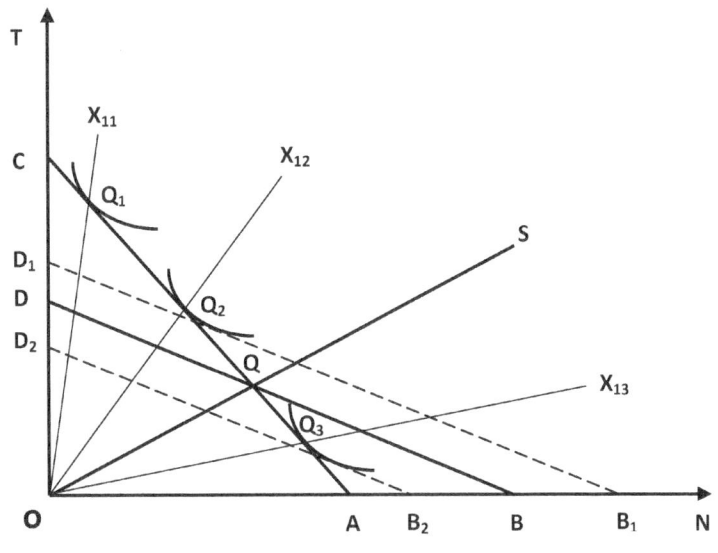

图 6-2　工序生命周期与产品内国际工序分工

假设从初始期到成长期再到成熟期,原本技术密集型工序 X_1 的技术要素投入比重不断下降,而非技术要素投入占比不断上升。这在图 6-2 中表现为 X_1 的等产量线由 Q_1 至 Q_2 并进一步下移至 Q_3,对应的生产扩展线分别为 OX_{11}、OX_{12} 和 OX_{13},其斜率依次降低,表明技术密集度在不断下降。图 6-2 中,AC 和 BD 分别表示 A 国和 B 国具有相同价值的等成本线。对于 OX_{12},与等产量线 Q_2 相切的 B_1D_1 平行于 BD 外侧,表明 A 国在成长期生产工序 X_1 的成本低于 B 国。同理,A 国生产初始期的工序 X_1(由过 Q_1 的等产量线反映)当然也有比较优势。故技术丰裕的 A 国在初始期和成长期的 X_1 生产上拥有比较优势。

然而,若 X_1 的技术密集度进一步下降至 OX_{13} 的水平,从而进入成熟期,此时与 Q_3 等产量线相切且平行于 BD 的等成本线 B_2D_2 位于 BD 的左下方,表明 B 国生产 X_1 的成本小于 A 国。B 国获得了成熟期工序 X_1 生产的比较优势,A 国不再具有此阶段 X_1 生产的比较优势。但这并不能反映 B 国在国际分工中的地位得到了提升,因为 B 国本质上仍然生产的是低技术、低附加值的工序环节。所以,在要素禀赋结构不变时,被动地等待工序技术密集度下降后去承接国际产业转移的做法,将永远处于微笑曲线的底部和全球价值链分工体系的不利地位,不可能促进全球价值链动态升级。

2.技术创新与全球价值链动态升级

现在,在罗伯津斯基定理的框架下,分析非技术丰裕的 B 国通过技术创新对其产品内工序分工地位的影响。技术创新会提高 B 国技术要素相对非技术要素的比例(假定 B 国非技术要素保持不变),从而优化 B 国的要素禀赋结构。在要素需求不变的假定下,B 国技术要素 T 的价格 φ_B 会下降,非技术要素 N 的价格 ζ_B 则不变。A 国和 B 国的等成本线的方程分别为:

$$\varphi_A \cdot T + \zeta_A \cdot N = \eta_A$$
$$\varphi_B \cdot T + \zeta_B \cdot N = \eta_B$$

出于分析的需要,仍然考虑 A 国和 B 国具有相同价值的等成本线的情形,即 $\eta_A = \eta_B = \eta$。B 国的等成本线可变形为:

$$T = \eta/\varphi_B - (\zeta_B/\varphi_B) \cdot N$$

这条直线与纵轴和横轴的交点坐标分别为 $(0, \eta/\varphi_B)$ 和 $(\eta/\zeta_B, 0)$。由于 B 国技术创新使 φ_B 下降,而 ζ_B 不变,故与创新前相比,创新后 B 国的等成本线与横轴的交点不变,但与纵轴的交点会远离原点,斜率 ζ_B/φ_B 也将更大。如图 6-3 所示,在 B 国发生技术创新前,具有相同价值 η 的 A 国等成本线 AC 和 B 国等成本线 BD 相交于 Q 点。当 B 国技术创新发生后,根据上述推导,B 国等成本线(价值仍为 η)会由 BD 旋转至 BD_2,而 A 国价值为 η 的等成本线 AC 则保持不变(假定 A 国没有发生技术创新以及非技术要素的变化,故 ζ_A 和 φ_A 不变),BD_2 与 AC 交于 Q′点。OQ′S′一定会比 OQS 陡峭[1],从而将 A 国和 B 国具有相同价值 η 的等成本线的包络线由创新前的 BQC 变为创新后的 BQ′C,这使得 B 国在创新后能够生产某些创新前不具比较优势的高技术密集环节,比如图 6-3 中的工序环节 X_n,该工序的等产量线与 A 国的等成本线 AC 相切于一点。在 B 国创新之前,其生产工序 X_n 的成本为 B_1D_1,高于 A 国的生产成本 AC(=BD),说明此时 B 国的技术要素积累还较弱,不具生产该高技术密集工序的比较优势。而在 B 国创新之后,其与 A 国等值的等成本线由 BD 变成 BD_2,则此时 B 国生产 X_n 的成本为 B_2D_3(通过向内平移 BD_2 直至与 X_n 的等产量线相切而得到),可见 B_2D_3 位于 BD_2 内侧,低于 A 国的生产成本 AC(=BD_2)。表明技术创新使得原本技术不丰裕的 B 国拥有了生产较高技术密集型工序 X_n 的比较优势,同时 A 国丧失了

---

[1] 由上文 A、B 国的等成本线方程可以算出 AC 与 BD 交点 Q 的坐标为 $\hat{\sigma}^2 = SSR(\hat{\gamma})/n(T-1)(\varepsilon_{it})$,则 OQS 的斜率为 γ。可见,当 $LR(\gamma) = [SSR(\gamma) - SSR(\hat{\gamma})]/\hat{\sigma}^2$ 下降,而 $\gamma = \gamma_0$ 都不变,该斜率一定变大,故 OQ′S′一定会比 OQS 陡峭。

生产 X_n 的比较优势。

可将上述分析总结如下：单纯的赶超战略以及工序生命周期的自然演化不能真正驱动全球价值链动态升级。只有通过持续技术创新以积累更多的技术要素，从而动态改善一国的要素禀赋结构，才能有效降低技术要素的价格，从根本上助推一国在技术密集性环节或高附加值工序上获得比较优势，进而优化国际工序分工地位，促进全球价值链动态升级，获得更多的贸易利益。

据上面论述，可进一步提出如下理论假说：一个国家或地区技术创新的层次越高，其要素禀赋结构就越能向高端化发展，进而降低高端技术要素的成本。这将使该国或地区在技术密集度更高或贸易附加值更大的工序环节上获得比较优势，故越能助推该国或地区实现全球价值链动态升级。

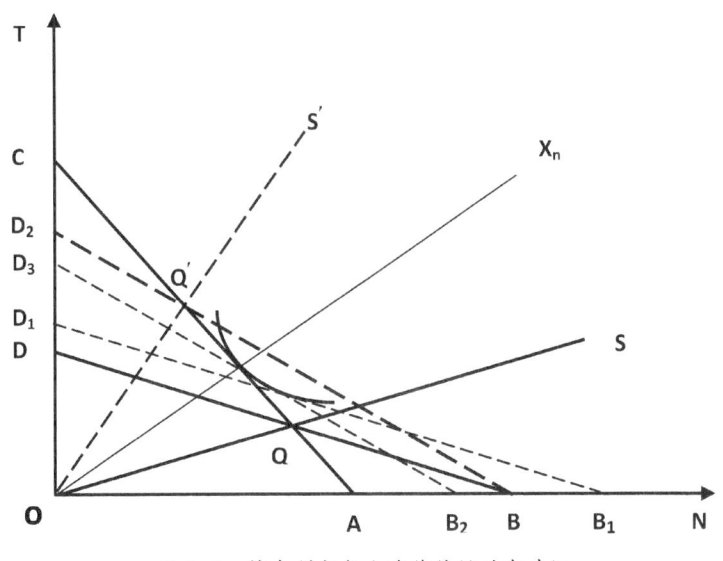

图6-3 技术创新与全球价值链动态升级

第三节 计量模型、变量与数据

一、计量模型设定

鉴于面板数据具备解决个体异质性、扩大样本量、提供更丰富的经济行为信息等优点(Stock et al,2019),本章采用中国大陆2002-2016年30个省级行政区的面板数据,以探究技术创新对全球价值链动态升级的影响[1]。具体的静态面板数据计量模型构建如下:

$$GVC_{it} = \beta_1 \cdot LLI_{it} + \beta_2 \cdot MLI_{it} + \beta_3 \cdot HLI_{it} + X'_{it}\delta + u_i + \lambda_t + \varepsilon_{it}$$
$$i = 1,2,\dots,30; t = 2002,2003,\dots,2016$$

其中,i 表示省份截面,t 表示时间序列;GVC 表示全球价值链动态升级程度;区别于研究笼统创新对产品内贸易的总体影响,本章试图识别多层次技术创新对全球价值链动态升级的异质效应,故将技术创新细分为低水平创新 LLI、中等水平创新 MLI 和高水平创新 HLI 三类;X' 为控制变量矩阵,δ 为相应的控制变量系数矩阵;u_i 表示不可观测的省份异质性,λ_t 为时间个体效应;ε_{it} 则代表随个体和时间而变的随机扰动项。对于个体效应存在与否以及是否与解释变量相关等问题,将通过一系列规范的假设检验加以判断,以在混合 OLS 回归、随机效应、固定效应模型(单向或双向)之间选择适当的方法加以估计,确保实证结论的准确性。

二、变量测度与数据来源

1.技术创新水平

本章利用三个层次的专利数据来度量低端、中端和高端创新。本章依然按照第四章的方法(具体理由详见第四章第三节)用万人均外观设计和实用新型专利来衡量低端创新水平,采用万人均发明专利来测度中端创新水平。采用万人均 PCT 国际专利拥有量作为衡量各省高端创新发展程度的指标。

2.全球价值链动态升级程度

加工贸易包括了免税进入一国用于生产出口商品的进口,以及依赖特定投入品进口的出口,是最能反映一国参与产品内国际工序分工情况的贸易方式。

---

[1] 各省 PCT 国际专利申请数来自历年国家知识产权局专利统计年报(https://www.cnipa.gov.cn/col/col61/index.html#mark),该数据最早可追溯到 2002 年,但 2017 年和 2018 年没有公布相应数据;此外,由于中国互联网络信息中心不再发布 2016 年以后的分省网民规模数据,控制变量"互联网普及率"也无法更新。基于以上原因,本章所能采用的连续数据的最大时间跨度为 2002-2016 年。由于西藏地区缺少加工贸易进出口的相关数据,因此未将其纳入本研究范围。

加工贸易增值率水平既反映了加工贸易在特定地域内加工链条的长度,更反映了该区域在全球分工体系中的位置和层次,众多学者都采用增值率作为衡量加工贸易利益的关键指标(张明等,2010;翟士军等,2015)。因此,本章利用加工贸易增加值率来测度中国各省在全球价值链中的动态升级情况。加工贸易增加值率的具体计算公式如下:

加工贸易增加值率=(加工贸易出口额−加工贸易进口额)/加工贸易进口额

加工贸易=进料加工贸易+来料加工装配贸易

3.控制变量

影响全球价值链动态升级的因素是复杂多样的,只有控制好这些因素的作用,才能准确地验证本章感兴趣变量与因变量间的预期理论关系(Hausmann et al,2003;Faruq,2011;张庆霖等,2011;翟士军等,2015;马述忠等,2017;张夏等,2019;铁瑛,2019)。为此,本章结合现有理论分析、实证研究以及经济常识,从多方面进行了控制变量选取,以尽可能地使得扰动项条件均值独立于感兴趣变量的假设得以满足,避免遗漏变量导致的内生性偏差,从而得到感兴趣变量回归系数的一致估计,进而可以对感兴趣变量的回归系数赋予因果关系解释。为简洁起见,通过表6-1集中反映了包括这些控制变量在内的所有变量的测度指标与数据来源。

其中,专利数据都为申请数;私有单位就业人员比重=私营企业和个体劳动者就业人员数/全部就业人员;金融结构度量中,分子为权益性金融,包括社会融资规模增量统计中的非金融企业境内股票融资额和来自Wind资讯PEVC数据库的私募和风险资本投资额;分母为债务性金融,包括社会融资规模统计中的贷款(含人民币贷款、折合人民币外币贷款、委托贷款、信托贷款和未贴现银行承兑汇票)和企业债券;市场化水平=(国企固定资产投资占全社会固定资产投资完成额的比重+国有单位就业人员占全部就业人员比重+国有及国有控股工业企业主营业务收入占规模以上工业企业主营业务收入比重+公共管理与社会组织就业人员数占总人数比重)/4;专利纠纷结案率=(侵权纠纷累计结案数+其他纠纷累计结案数)/(侵权纠纷累计立案数+其他纠纷累计立案数);交通基础设施=(公路里程+铁路里程)/地区年末人口数;人力资本=$6 \cdot Prime + 9 \cdot Middle + 12 \cdot High + 16 \cdot University$,其中 $Prime$、$Middle$、$High$ 和 $University$ 分别表示小学、初中、高中和大专以上文化程度教育人数占6岁以上总人口的比重。表6-1将控制变量分成了基础设定和备选设定两部分,旨在分别进行基准回归和稳健性检验。

表 6-1 变量测度与数据来源

变量类型	变量名称	字母代码	测度指标	数据来源
因变量	全球价值链动态升级	GVC	加工贸易增加值率	国研网
感兴趣变量	低端创新	LLI	万人均国内实用新型和外观设计专利	EPS 数据库
感兴趣变量	中端创新	MLI	万人均国内发明专利	EPS 数据库
感兴趣变量	高端创新	HLI	万人均 PCT 国际专利	国家知识产权局专利统计年报
控制变量（基础设定）	创新商业化	TIC	技术市场成交额/GDP	中国科技统计年鉴
控制变量（基础设定）	企业家精神	ENT	私有单位就业人员比重	中经网及各省年鉴
控制变量（基础设定）	金融结构	FST	（股票+PEVC）/（债券+贷款）	Wind 资讯；中国人民银行
控制变量（基础设定）	市场化程度	MAR	四项指标算术平均	Wind 资讯；中经网；国研网；中国劳动统计年鉴
控制变量（基础设定）	经济开放度	OPE	进出口贸易额/GDP	中国统计年鉴
控制变量（基础设定）	国际技术溢出	HTT	高技术产品贸易额/GDP	中国科学技术部
控制变量（基础设定）	人口结构红利	PST	人口总抚养比	中国统计年鉴
控制变量（基础设定）	信息化水平	NET	互联网普及率（上网人数/常住人口数）	国研网
控制变量（基础设定）	公共文化环境	PCE	每人拥有公共藏书量	中国文化文物统计年鉴
控制变量（基础设定）	知识产权保护	IPP	专利纠纷结案率	中国知识产权年鉴
控制变量（备选设定）	政府规模	GOV	一般公共预算支出/GDP	中国财政年鉴
控制变量（备选设定）	交通基础设施	COM	公路与铁路里程密度之和	中国统计年鉴
控制变量（备选设定）	人力资本	HUM	平均受教育年限	中国统计年鉴

三、变量初步统计特征

表 6-2 呈现了本章涉及的所有变量的面板总体（Overall）基本统计信息。此外，考虑到本章选取的自变量较多，有可能存在多重共线性问题，故在表 6-2

最后一列还报告了各个自变量的方差膨胀因子（VIF），用以检验共线性问题。首先，变量间在数量级上差别较为悬殊，直接回归可能导致计算机运算误差和不便于回归系数理解。为此，在回归前对相关变量按比例进行了数量级缩放；其次，从共线性检验结果来看，VIF 的最大值为 11.38，平均 VIF 为 4.29。依据经验法则，变量间的多重共线性问题不太严重。

表 6-2 变量描述性统计与共线性检验

变量	样本量	均值	标准差	最小值	最大值	中位数	偏度	峰度	VIF
GVC	450	1.141 4	1.829 7	−1	22.245 0	0.779 9	5.767 7	51.447 5	—
LLI	450	5.698 2	8.582 3	0.139 1	53.648 1	2.391 2	2.797 0	11.541 3	5.430 0
MLI	450	3.017 2	5.552 0	0.059 7	48.156 0	0.894 1	3.897 5	22.918 3	11.380 0
HLI	450	0.085 5	0.363 3	0.000 0	5.620 4	0.008 4	10.163 9	134.795 5	2.470 0
TIC	450	0.009 3	0.020 1	0.000 2	0.153 5	0.003 5	5.054 7	31.173 7	5.580 0
ENT	450	0.228 3	0.138 9	0.039 3	0.874 7	0.189 3	1.754 4	6.637 9	5.220 0
FST	450	5.966 3	7.507 9	0.000 0	82.386 8	3.644 5	4.042 2	31.099 7	1.210 0
MAR	450	0.219 8	0.082 2	0.074 1	0.403 6	0.217 5	0.210 4	2.095 3	2.980 0
OPE	450	0.321 1	0.394 8	0.030 0	1.720 0	0.130 0	1.944 5	5.855 0	3.350 0
HTT	450	0.173 4	0.152 0	0.010 0	0.691 0	0.113 0	1.181 0	3.516 4	1.570 0
PST	450	0.368 7	0.069 1	0.192 7	0.575 8	0.374 2	−0.014 4	2.522 6	3.030 0
NET	450	0.284 9	0.197 5	0.012 0	0.777 7	0.273 2	0.376 9	2.076 1	7.080 0
PCE	450	0.542 9	0.524 6	0.128 9	3.395 9	0.402 1	3.918 8	19.447 3	3.280 0
IPP	450	0.838 8	0.104 2	0.473 7	1.123 5	0.845 7	−0.597 4	3.770 0	1.300 0
GOV	450	0.204 0	0.091 4	0.076 8	0.626 0	0.186 2	1.578 4	6.701 9	4.800 0
COM	450	30.770 9	20.792 0	3.820 0	136.480 0	25.974 3	2.031 8	9.066 5	3.660 0
HUM	450	8.582 4	1.002 8	6.040 0	12.300 0	8.495 0	0.620 9	4.190 1	6.300 0

第四节 实证结果与分析

一、基准回归结果

根据上部分的实证研究设计，这里对多层次技术创新如何影响产品内贸易地位的理论关系进行基准实证检验。以示对比,根据计量回归方程(4),表6-3同时报告了混合回归(POLS)、随机效应(RE)和固定效应(FE)的回归结果。其中,模型(1)~(3)的解释变量只包含了感兴趣变量——三个层次的创新指标,模型(4)~(8)则进一步加入了表6-1中控制变量的基础设定部分。模型(1)~(6)括号内为普通标准误;模型(7)和(8)采用省份聚类稳健标准误对模型(5)和(6)重新进行了回归,这样做虽未改变回归系数,但标准误有了明显差异。

表6-3 基准回归结果

GVC	(1) POLS	(2) RE	(3) FE	(4) POLS	(5) RE	(6) FE	(7) RE	(8) FE
LLI	-0.000 5 (0.003 3)	-0.001 2 (0.003 8)	-0.001 4 (0.004 0)	0.001 3 (0.004 2)	0.003 1 (0.004 4)	0.007 2 (0.004 7)	0.003 1 (0.003 7)	0.007 2 (0.004 3)
MLI	0.001 6 (0.006 6)	0.003 1 (0.007 1)	0.003 5 (0.007 4)	0.012 7 (0.010 7)	0.023 2** (0.010 1)	0.024 6** (0.010 2)	0.023 2** (0.011 3)	0.024 6** (0.011 4)
HLI	-0.032 3 (0.069 8)	-0.013 1 (0.061 7)	-0.011 1 (0.062 7)	0.022 6 (0.136 3)	0.206 1 (0.141 0)	0.363 8** (0.155 7)	0.206 1** (0.102 0)	0.363 8*** (0.127 0)
TIC	-	-	-	-4.139 7* (2.278 3)	-7.694 1** (3.005 6)	-9.112 9*** (3.473 1)	-7.694 1* (4.136 0)	-9.112 9 (5.471 2)
ENT	-	-	-	0.650 0*** (0.246 2)	-0.044 2 (0.295 2)	-0.282 8 (0.317 6)	-0.044 2 (0.423 3)	-0.282 8 (0.408 6)
FST	-	-	-	-0.002 4 (0.002 4)	-0.001 3 (0.002 0)	-0.001 4 (0.002 0)	-0.001 3 (0.003 7)	-0.001 4 (0.003 5)
MAR	-	-	-	0.649 0** (0.297 8)	0.423 7 (0.462 7)	0.268 5 (0.535 0)	0.423 7 (0.537 8)	0.268 5 (0.605 1)
OPE	-	-	-	0.075 9 (0.070 3)	0.314 6*** (0.118 8)	0.590 1*** (0.173 7)	0.314 6** (0.131 7)	0.590 1*** (0.183 2)
HTT	-	-	-	-0.318 4** (0.136 6)	0.037 9 (0.165 1)	0.096 0 (0.174 9)	0.037 9 (0.195 8)	0.096 0 (0.215 7)
PST	-	-	-	-0.096 3 (0.336 8)	0.029 2 (0.424 7)	0.205 1 (0.462 4)	0.029 2 (0.420 8)	0.205 1 (0.516 1)
NET	-	-	-	-0.281 9* (0.159 0)	-0.084 4 (0.186 1)	0.254 9 (0.236 9)	-0.084 4 (0.245 6)	0.254 9 (0.340 0)
PCE	-	-	-	-0.078 6** (0.035 0)	-0.240 6*** (0.078 0)	-0.490 1*** (0.134 5)	-0.240 6* (0.126 3)	-0.490 1** (0.210 7)
IPP	-	-	-	-0.158 8 (0.187 9)	-0.279 0 (0.231 5)	-0.278 9 (0.252 2)	-0.279 0 (0.415 1)	-0.278 9 (0.390 7)
C	1.063 6*** (0.020 5)	1.061 4*** (0.047 1)	1.061 0*** (0.018 6)	1.636 3*** (0.446 5)	2.862 2*** (0.687 7)	4.494 2*** (1.039 8)	2.862 2** (1.130 3)	4.494 2** (1.670 8)
省份个体效应	否	是	是	否	是	是	是	是
时间个体效应	否	否	否	否	否	否	否	否

(续表)

GVC	(1) POLS	(2) RE	(3) FE	(4) POLS	(5) RE	(6) FE	(7) RE	(8) FE
Hausman 检验	—	—	—	—	14.70		—	
过度识别检验	—	—	—	—	—	—	40.928***	
样本量	450	450	450	450	450	450	450	450
组内 R^2	0.000 6	0.000 6	0.000 6	0.087 1	0.104 4	0.115 4	0.104 4	0.115 4
F/Wald	0.083 6	0.20	0.082 9	2.760 3***	41.97***	3.524 0***	414.72***	153.182 8***

注：模型(1)~(6)括号内为普通标准误，模型(7)和(8)括号内为省份聚类稳健标准误；* $p<0.1$，** $p<0.05$，*** $p<0.01$；对于模型整体显著性的检验，POLS 和 FE 模型报告的是 F 统计量，RE 模型报告的是 Wald 统计量。

模型(1)~(4)均显示，三个感兴趣变量的系数都不显著，但由于存在忽视个体效应、遗漏变量或未考虑聚类稳健标准误等问题，这些回归结果并不可靠。所以，有必要进行模型设定检验以选择适当的模型。在 FE 模型(6)中，针对"H_0：所有 $u_i=0$（可以用混合回归）"的 F 检验统计量为 10.97，相应 P 值为 0；此外，在 FE 模型(8)中，对所有省份虚拟变量的联合显著性 F 检验也强烈拒绝"无省份固定效应"的原假设。此外，在 RE 模型(5)和(7)中，对于"H_0：不存在个体随机效应"的 LM 检验均强烈拒绝原假设。总之，上述针对 RE 和 FE 模型分别在普通标准误与省份聚类稳健标准误下的检验都表明，不应进行混合回归，应在模型中纳入省份个体效应，但到底是采用 FE 模型还是 RE 模型还需进一步检验。首先，针对普通标准误下的 RE 模型(5)和 FE 模型(6)，Hausman 检验的卡方统计量为 14.7，不显著，表明应采用 RE 模型(5)。但这一传统的 Hausman 检验是在普通标准误下得出的，而在聚类稳健标准误与普通标准误差异较大时（本章属于这种情形），传统的 Hausman 检验是不适用的。为此，针对模型(7)，进一步实施了适用于聚类稳健标准误情形的过度识别检验，所得 Sargan-Hansen 统计量为 40.928，P 值为 0.0003，表明应采用 FE 模型(8)。

综合考虑上述一系列模型设定检验的结果，最可信的是表 6-3 中的 FE 模型(8)，故本章将之作为基准回归的结果。三个感兴趣变量回归系数的符号、显著性和大小表明：万人均实用新型和外观设计专利数 LLI 的增长未能提升加工贸易增加值率，而万人均发明专利 MLI 和万人均 PCT 国际专利量 HLI 的增加均显著提升了加工贸易增加值率，且万人均 PCT 国际专利量 HLI 对加工贸易增加值率的促进作用比万人均发明专利 MLI 的促进作用高出约 10 倍[1]。这验证了本章提出的理论假说:层次越高的创新对全球价值链动态升级的促进作用越大。具体来讲,低端创新不能促进全球价值链动态升级;中端创新和高端创新均可以助推全球价值链动态升级,且高端创新对全球价值链动态升级的促进作用远大于中端创新。

二、稳健性检验与内生性处理

为了进一步考察上述基准回归结论的可靠性,这里从以下三方面进行了稳健性检验和内生性处理,其结果列示在表6-4中。

1.剔除异常样本

通过查看数据时间趋势发现,宁夏、青海、新疆和重庆4个省级行政区的加工贸易增加值率数据在短期内起伏很大,这与经济常识不太符合。所以,剔除掉这4个样本后,重新做了表6-3模型(7)和(8)所示的回归,结果列示在表6-4的(1)和(2)中。过度识别检验显示,在表6-4模型(1)与(2)之间应选(2)。与表6-1基准回归结果(8)相比,表6-4模型(2)感兴趣变量的回归系数和显著性虽有所下降,但结果基本上是一致的。

2.增加控制变量

为了检视表6-3模型(8)的基础设定形式是否还存在因遗漏变量导致的内生性偏差,考察随着更多备选控制变量的逐个加入,基准回归结论是否依然成立,在表6-3模型(8)的基础上依次加入了来自表6-1备选设定部分的三个新控制变量,结果列示在表6-4模型(3)~(8)中。每一个新控制变量的加入都同

---

[1] 在模型(8)中,直观可见 HLI 的系数 0.363 8 远大于 MLI 的系数 0.024 6,但 HLI 对因变量 IPT 的促进作用大于 MLI 的,其更坚实的统计学证据在于:第一,MLI 和 HLI 的回归系数都显著,且 HLI 的显著性更高;对"$H_0: LR(\gamma)$(HLI 的系数 = MLI 的系数)"的假设检验得 $F = 7.27$,相应 P 值为 0.011 5,故可在 5% 的显著性水平下拒绝 H_0;第二,MLI 真实系数的 95% 置信区间为[0.001 2, 0.048 0],HLI 真实系数的 95% 置信区间为[0.104 0, 0.623 7]。故 HLI 系数置信区间的下界 0.104 0 大于 MLI 系数置信区间的上界 0.048 0。故在数轴上,HLI 与 MLI 系数的置信区间不重合,且 HLI 的置信集整体位于 MLI 的右边;第三,为了能在同一标准下进一步比较 HLI 和 MLI 对因变量的相对解释力,将所有变量标准化(减去均值后除以标准差)后重新进行模型(8)的回归(不含截距项),所得结果与表6-3模型(8)一致。

时报告了 RE 和 FE 的结果,但过度识别检验表明都应该选择 FE 模型。模型(4)、(6)和(8)的结果显示,随着 GOV、COM 和 HUM 的不断加入,感兴趣变量回归系数的符号、显著性和大小与基础设定形式相比并无大的改变,且三个新增控制变量的系数也都不显著,这说明表 6-3 模型(8)已使得扰动项条件均值独立于感兴趣变量的假设得以满足,结果具有可靠性。

表 6-4 稳健性检验与内生性处理结果

GVC	(1) RE	(2) FE	(3) RE	(4) FE	(5) RE	(6) FE	(7) RE	(8) FE	(9) TFE
LLI	−0.000 0 (0.003 6)	0.003 0 (0.003 6)	0.002 1 (0.003 9)	0.006 1 (0.004 5)	0.001 8 (0.003 8)	0.006 1 (0.004 6)	0.002 0 (0.003 7)	0.006 7 (0.004 6)	0.003 8 (0.004 4)
MLI	0.022 5** (0.010 9)	0.023 2** (0.011 0)	0.021 1* (0.011 0)	0.022 2* (0.010 9)	0.022 5* (0.011 4)	0.022 0* (0.011 2)	0.023 2** (0.011 4)	0.022 5* (0.011 4)	0.031 8** (0.011 9)
HLI	0.147 6 (0.098 0)	0.271 2** (0.123 5)	0.137 3 (0.095 3)	0.288 8** (0.121 9)	0.147 0 (0.085 0)	0.287 0** (0.116 9)	0.126 4 (0.084 9)	0.269 5** (0.114 6)	0.214 3** (0.091 0)
TIC	−4.929 8 (3.876 4)	−7.166 2 (5.659 9)	−7.227 2* (3.889 8)	−8.432 5 (5.163 0)	−7.247 6* (3.856 5)	−8.369 7 (5.114 5)	−6.843 5* (3.965 0)	−8.268 2 (5.093 0)	−6.113 9 (4.516 9)
ENT	−0.349 2 (0.416 6)	−0.503 1 (0.445 3)	0.020 1 (0.418 9)	−0.241 0 (0.385 1)	0.015 4 (0.394 7)	−0.236 5 (0.370 6)	0.062 7 (0.377 8)	−0.195 0 (0.356 1)	0.271 7 (0.371 5)
FST	−0.000 8 (0.001 2)	−0.000 8 (0.001 2)	−0.001 6 (0.003 6)	−0.001 9 (0.003 1)	−0.001 9 (0.003 0)	−0.001 8 (0.003 0)	−0.001 9 (0.003 3)	−0.001 9 (0.003 0)	−0.003 9 (0.002 6)
MAR	0.304 1 (0.487 6)	0.365 8 (0.626 6)	0.444 6 (0.516 1)	0.062 9 (0.627 1)	0.614 5 (0.599 0)	0.031 7 (0.646 0)	0.583 8 (0.613 1)	−0.023 4 (0.659 9)	−1.173 3 (1.134 4)
OPE	0.167 9* (0.094 0)	0.402 6*** (0.124 2)	0.283 9** (0.142 1)	0.564 7*** (0.142 0)	0.283 6** (0.138 6)	0.567 1*** (0.194 8)	0.298 2** (0.138 5)	0.576 4*** (0.195 5)	0.536 3** (0.212 2)
HTT	−0.050 4 (0.155 3)	0.019 8 (0.186 8)	0.005 4 (0.191 9)	0.058 2 (0.209 6)	0.003 2 (0.193 8)	0.056 6 (0.210 8)	0.006 8 (0.192 8)	0.063 6 (0.212 0)	0.157 5 (0.213 9)
PST	−0.020 6 (0.338 6)	0.280 9 (0.471 6)	0.052 3 (0.396 0)	0.121 0 (0.489 5)	0.107 0 (0.367 4)	0.111 7 (0.464 9)	−0.071 6 (0.402 0)	−0.049 5 (0.452 3)	0.659 2 (0.592 2)
NET	−0.132 0 (0.182 1)	0.253 0 (0.201 7)	0.258 7 (0.246 1)	0.501 6* (0.294 0)	0.204 3 (0.250 9)	0.509 5 (0.302 6)	0.286 9 (0.266 4)	0.587 7* (0.336 8)	1.462 4* (0.838 7)
PCE	−0.040 4 (0.072 6)	−0.277 6** (0.107 4)	−0.296 0* (0.154 1)	−0.471 6* (0.257 7)	−0.267 2* (0.150 3)	−0.475 4* (0.263 5)	−0.265 3* (0.146 0)	−0.466 4* (0.258 4)	−0.414 8 (0.253 5)
IPP	0.413 4 (0.278 1)	0.392 2 (0.319 7)	−0.330 0 (0.392 1)	−0.302 3 (0.357 9)	−0.302 2 (0.356 4)	−0.305 8 (0.342 7)	−0.323 2 (0.349 2)	−0.342 1 (0.326 0)	−0.326 9 (0.312 8)
GOV	−	−	−1.131 2 (0.969 2)	−1.346 0 (1.367 9)	−1.433 0 (1.258 9)	−1.302 5 (1.551 9)	−1.434 2 (1.246 5)	−1.275 8 (1.535 6)	−0.573 8 (1.739 0)
COM	−	−	−	−	0.002 6 (0.003 9)	−0.000 4 (0.003 4)	0.002 6 (0.003 9)	−0.000 2 (0.003 3)	−0.000 9 (0.004 3)
HUM	−	−	−	−	−	−	−0.050 5 (0.048 0)	−0.060 8 (0.072 2)	0.029 0 (0.073 2)

(续表)

GVC	(1) RE	(2) FE	(3) RE	(4) FE	(5) RE	(6) FE	(7) RE	(8) FE	(9) TFE
C	0.934 5 (0.652 4)	2.417 6** (0.869 2)	3.445 2** (1.335 5)	4.678 2** (1.857 1)	3.151 6** (1.242 9)	4.719 9** (1.864 1)	3.617 1*** (1.161 2)	5.226 3** (1.960 8)	4.013 6** (1.752 3)
省份个体效应	是	是	是	是	是	是	是	是	是
时间个体效应	否	否	否	否	否	否	否	否	是
过度识别检验	47.733***		53.834***		65.515***		66.333***		—
样本量	390	390	450	450	450	450	450	450	450
组内 R^2	0.138 4	0.163 3	0.123 1	0.133 3	0.118 8	0.133 4	0.120 8	0.134 8	0.184 8
F/Wald	245.90***	547.351 4***	532.53***	259.360 3***	485.69***	240.009 9***	584.18***	222.632 2***	—

注:括号内均为省份聚类稳健标准误; * $p<0.1$, ** $p<0.05$, *** $p<0.01$;对于模型整体显著性的检验,FE 模型报告的是 F 统计量,RE 模型报告的是 Wald 统计量;模型(1)和(2)剔除了宁夏、青海、新疆和重庆四个样本,其他均为全样本。

3. 优化估计方法

考虑到模型不仅存在个体固定效应(不随时间而变但随个体而变),还可能兼具时间固定效应(不随个体而变但随时间而变),故在表 6-4 模型(8)基础上进行了双向固定效应(Two-way FE)估计[1]。相应结果列示在表 6-4 模型(9)中,篇幅所限,没有报告时间虚拟变量的回归结果。表 6-4 模型(9)显示的结果与表 6-3 模型(8)也是一致的。

综上,上述三方面的稳健性检验和内生性处理结果表明,基准回归结果具有良好的可靠性,可以作为本章的最终实证结果加以接受。

三、回归结果解释

基准回归和稳健性检验结果一致地验证了本章提出的理论假说:创新的层次越高,对全球价值链动态升级的促进作用越大。具体来讲,低端创新不能促进全球价值链动态升级,而中端创新和高端创新均可以助推全球价值链动态升级,且高端创新对全球价值链动态升级的促进作用约为中端创新的 10 倍。原因在

---

[1] 以 2002 年为基期,在回归中为 2003—2016 年引入了 14 个年度虚拟变量。所有年度虚拟变量联合显著性检验的 F 值为 5.48,相应 P 值为 0.000 1,强烈拒绝"无时间个体效应"的原假设,表明应在模型中纳入时间固定效应。

于,中国经济已经到了由低水平复制模仿型技术进步向中、高水平准前沿和前沿创新转型的阶段。实用新型和外观设计等专利的创造性和技术含量相对较低,属于当前已不稀缺的低层次创新,难以对中国各地区现有要素禀赋结构的优化做出新的贡献。因此,这些低层次创新不能为实现向全球价值链高技术密集工序或高附加值环节的攀升提供要素支持,从而不利于全球价值链动态升级。相比之下,国内发明专利具有较高的授权标准和技术新颖性,而国际PCT专利则具有更高的技术突破性和原始创造力,二者分别代表了目前稀缺的中、高端创新。这些专利的数量反映了中国各地区从复制模仿型技术进步向准前沿、前沿创新迈进的实践能这种转型能够切实提升现阶段各地区的要素禀赋结构,降低中、高端技术要素的价格,从而也为赢得高技术密集或高附加值环节的产品内分工优势奠定了基础,能助推全球价值链动态升级。由于国际PCT专利相比国内发明专利属于更高层次的创新,所以在助推现有要素禀赋结构优化和产品内贸易地位升级方面表现更为出色。

第五节 结论与讨论

本章研究表明,异质创新对全球价值链动态升级的影响存在差异。具体来讲,低端创新对全球价值链动态升级的促进作用在统计上和经济上均不显著;而中端创新和高端创新对全球价值链动态升级的促进作用在统计上和经济上均显著;且高端创新对全球价值链动态升级的促进作用在经济显著性上要远高于中端创新。由此可见,创新层次越高,对全球价值链动态升级的促进作用也越大。由于本章采用加工贸易增加值率来度量全球价值链动态升级,因此实证研究中只衡量了异质创新对提升贸易利益的差异化影响。然而,随着贸易利益的提升,产业安全性和自主可控性也相应得到了提高。因此,那些越是高端的创新,将在提升贸易利益和确保产业安全上起到越大的作用。本章的探讨对我国实现科技和经济开放战略转型、构建自主可控的科技和国际分工新体系、形成科技创新与实体经济协同发展的新格局具有一定启发意义。

(1)不断促进要素禀赋结构优化,以驱动全球价值链分工地位的升级,从而在贸易利益和分工安全上赢得更加有利的局面。尽管比较优势理论指出,所有参与国际贸易的主体都能从贸易中获益,但在全球价值链的不同区段,参与者所获得的贸易利益和主导权确实存在不对称性。那些凭借优良制度、高新技术、丰富的人力资本、卓越的企业家精神等高端要素融入国际分工的主体,占据全球化生产中的设计研发、品牌营销、高效物流、关键组件生产等高附加值中心环节,因此能从贸易中获得更多利益,并在全球价值链体系中拥有更强的主导权和更低的国际分工风险。相反,那些主要依赖自然资源、非熟练劳动力,以及可能伴随的环境污染等低端要素参与全球化生产的主体,往往只能从事低附加值的代工、装配、非核心部件制造等外围区段的工作,不仅从贸易中获取的利益较少,而且产业发展易受制于人,面临较高的国际分工风险。这背后的原因在于,高端要素市场具有垄断性,设有较高的进入壁垒;而低端要素市场则是竞争性的,具有很强的可替代性,因此,国际贸易条件和产业安全对高端要素的拥有方更为有利。由此可见,存在于全球价值链(GVC)上的"微笑曲线"实际上反映了一种新型的"中心-外围"结构。本章研究表明,若要优化产品内贸易结构、提升产业安全性,无论是消极地承接国际产业转移(可能陷入比较优势陷阱),还是采取过于激进的"赶超战略",都不是明智的选择。真正务实且有效的方式是通过良序制度的培育、人力资本的积累、企业家精神的激发以及高新技术的发展等高端要素积累策略,来不断提升要素禀赋结构,从而才能使国际工序贸易模式沿着"CDM→OEM→ODM→OBM→OSM"路径逐渐由外围到中心进行升级。

(2)坚持创新驱动发展战略,特别是加快推进高端前沿创新的步伐,为推进我国全球价值链动态升级奠定技术根基。现阶段,复制模仿型低端创新对中国要素禀赋结构的提升作用已有限,从而难以驱动全球价值链动态升级;唯有不断突破"卡脖子"的技术难题,向准前沿、前沿型高水平技术创新迈进,才能持续优化中国的技术创新结构,从而为贸易利益提升和自主可控的全球价值链体系打造奠定要素禀赋基础。虽然据全球创新指数(Global Innovation Index)显示,中国已由2007年该指数首次发布时的全球第29名攀升至2023年的第12名,但必须正视的是,中国在前沿创新方面的成果仍然不足。例如,2023年的最新数据显示,中国每万人拥有的 *PCT* 专利申请量只有美国的29%。所以,在深刻认识技术创新重要性、异质性和差距性的基础上,必须坚持创新驱动在我国现代化建设全局中的核心地位。要持续推进对世界核心科技的前沿攻坚战略以及对高端科技成果的商业转化战略,不断驱动技术创新结构转型升级,这是我国坚持创新驱动发展战略、全面塑造发展新优势、充分提升科技创新对实体经济发展贡献份额的关键,也是解决技术"卡脖子"困境、确保核心技术自主可控以及加快建设科技自立自强的创新强国的必由之路。此外,我国除了整体高端技术创新水平仍有待提升外,高水平创新能力在企业和地区间的分布也很不均衡。以2018年为例,仅华为和中兴两家企业的 PCT 专利申请数已占到全国的14%,而广东一省的 PCT 专利申请数已占到全国的47%[1]。

所以,要全面提升中国在全球价值链中的分工地位,打造安全高效的国际供应链体系,不仅需要促进中国创新结构整体由低端向高端转型,还需要通过国内大市场优势和学习型社会构建,改变我国创新能力在部门间、地区间差距过大的现状,形成协同创新的强大合力。

第六节 本章小结

在全球化的背景下,我国在全球价值链上的地位动态升级,不仅关乎经济结构转型的成败,更是实现高质量发展的核心所在。在这一进程中,技术创新扮演着至关重要的角色,成为推动产品内贸易结构升级不可或缺的条件。基于前几章对技术创新影响因素的深入研究,本章进一步探索了多层次技术创新如何异质性地影响全球价值链的动态升级。

首先,本章通过拓展和丰富传统要素禀赋理论的分析逻辑,借助代数与几何图形模型,深入研究了技术创新对产品内国际工序贸易这一新型国际分工形态的理论影响。这一研究不仅揭示了技术创新在推动国际工序贸易发展中的关键作用,也为理解全球价值链的动态演变提供了新的理论视角。

随后,根据国内专利不同类别和国际 PCT 专利在技术突破性和知识原创力方面的显著差异,我们量化区分了技术创新的低端、中端和高端三个层次,并通过计量分析识别了不同层次技术创新对产品内贸易升级(以加工贸易附加值率为度量指标)的差异化影响。利用我国30个省2002-2016年的面板数据,基准

---

[1] 这里计算所需原始数据来自世界知识产权组织(WIPO)、国家知识产权局及Wind资讯。

回归和稳健性检验均一致表明,技术创新层次越高,对产品内贸易升级的促进作用越显著。具体而言,低端创新未能有效促进产品内贸易升级,而中端创新和高端创新均对其有显著的正向推动作用,且高端创新的促进作用更为显著。

本章的研究结果提示我们,要实现我国在全球价值链上分工地位的稳步提升,进而推动我国从贸易大国向贸易强国的转变,关键在于实现技术创新类型的转型升级。我们必须从复制模仿型创新向准前沿、前沿型创新转变,致力于建设一个真正依赖前沿、高新科学技术驱动的创新型国家。这一目标的实现,既需要政策层面的有效引导和大力扶持,也离不开企业、科研机构等社会各界的积极参与和协同努力。只有这样,我们才能在全球化的浪潮中屹立潮头,引领未来。

第七章 总结与展望

国际工序分工源于服务关联成本(service link cost)的大幅下降和跨国公司对全球区位优势(location advantages)的不懈追寻,各个国家或地区则依据自身区位优势和服务水平融入全球化生产的相应区段或价值链环节,以实现生产成本的最小化。20世纪后半叶,原本于在岸(包括国内一体化和国内外包)、工厂内甚至车间内完成的垂直一体化产品生产过程,现已按照不同工序区段空间分散到近岸、离岸的不同国家或地区来进行,形成了具有特定禀赋结构的国家专业化从事价值链相应环节的国际工序分工新体系,成为这一轮全球化浪潮在深度和广度上区别于19世纪兴起的全球化的典型特征。相较于产业间分工和产业内分工,产品内分工使得国际分工从产业或产品维度进入到了工序维度。

20世纪80年代以来,得益于通信和运输技术的极大改善、国际贸易壁垒的降低以及越来越多的国家从封闭走向开放,经济全球化掀起了第三次浪潮,国际分工程度大幅拓展和深化。中国的改革开放由于恰逢这一时机,得以在短时间内从一个近乎封闭的经济体转变成"世界工厂"。1978年,我国外贸依存度仅为9.65%,而2006年就已达到峰值65.62%。根据联合国COMTRADE数据库汇总计算,我国中间品进口从1995年的893亿美元增加到2023年的20 279亿美元,占总进口的比重也由49%提高到79.4%;加工贸易出口额也从1981年的11亿美元飞跃至2022年的8 091亿美元,其相应比重也从1981年的5%上升到2005年的峰值55%。加工贸易在我国贸易总额中占据了一半份额,由于加工贸易包括了免税进入一国,将用于生产出口商品的进口,以及依赖特定投入品进口的出口,是最能反映一国参与产品内国际工序分工情况的贸易方式。因此,嵌入全球价值链是中国参与全球化大生产的主要途径和推动中国快速大幅开放的重要力量。但在看到这些辉煌开放成就的同时,也必须承认,尽管支撑我国开放发展的要素禀赋结构取得了明显提升,但我国仍不是一个拥有丰富人力资本和科学技术的发达创新强国,如2023年的最新数据显示,我国每万人拥有的 PCT 国际专利申请量只有美国的29%。因此,我国在促进人力资本积累、技术创新、产业结构升级以及提升国际分工地位的发展道路上仍任重道远。

一国或地区的异质要素禀赋结构决定了其差异性的国际分工地位和商品贸易种类,进而又塑造出层次分明的产业经济集群类型。当今全球价值链时代,在发达国家或地区集聚的都是总部、研发、物流、营销等知识密集型高附加值服务环节,而低附加值的劳动密集型生产、组装等环节则在发展中国家或地区集聚,从而形成一种新的中心-外围二元空间集聚结构。由于我国是在高端要素(包括人力资本、优良制度、知识技术、企业家及工匠精神等)稀缺的情况下,凭借低端要素(非熟练劳动、自然资源、环境污染等)成本优势融入 GVC 微笑曲线的底部环节,其引致的主要还是加工、组装等劳动密集型产业、产品或工序的低附加值经济集群。要素禀赋结构改善是提升国际贸易地位的前提条件,进而成为推动集群升级的根本力量。

在要素成本、生态环境、结构转型等的压力下,实现由低端要素密集的低附加值生产性集聚向高端要素密集的高附加值功能性集聚的升级也变得迫在眉睫。高端要素积累是国际工序贸易地位沿着"CDM→OEM→ODM→OBM→OSM"路径逐渐升级的根本保证,从而进一步助推我国集群类型完成由世界加工组装基地向全球高端制造、总部服务和创新集群的转型。我国创新资源较好的地区应该利用当下 GVC 重构、全球经贸治理规则调整和国内消费规模性提档的机遇期,在向其他地区以及海外进行低端产业转移的同时,通过创新驱动、产业升级率先向国际工序贸易高端攀升,进而实现向中高附加值生产和服务型集群的转型,承担我国乃至东亚创新、品牌和服务中心的职能,逐渐打造中国主导的区域或全球价值链体系,实现由在 GVC 低端"徘徊"向高附加值集聚的突围和转型。

技术创新及其商业化、产业化是国际分工地位能否顺利提升的关键。认识到这一逻辑,本书充分考虑中国作为大型转轨经济体的制度特征,广泛探讨了各种对技术创新具有激励作用的制度性因素。尤其明确地认识到,我国当下建设创新驱动型经济体的关键在于实现由复制模仿型创新向准前沿、前沿型创新转型。因此,本书更多地研究了如何适应我国技术创新转型的过程,去动态变革当下不适宜的制度,设计出更有利于促进高新技术创新的体制机制,从而为技术创新转型的顺利实现提供激励机制保障。本书研究的特点是将全球价值链动态升级的过程以及技术创新过程都当作内生变量去处理,从而得以探讨它们发展变化背后的深层次原因,形成一个连续一致的分析框架。

此外,在理论和实证研究中,区别于诸多文献将技术创新笼统对待的做法,本书将技术创新按照前沿性划分为了高、中、低等不同层次,使得对技术创新原因的探讨以及对创新之贸易效应的研究有了更丰富、深入的细节。本书的研究表明,由于在先验信息、未来不确定性以及风险-收益特征等方面的显著差异,准前沿、前沿创新与复制模仿型创新所需的激励机制是很不相同的,从而也就决定了相同的制度体制(如预算软约束体制和债务性金融结构)在创新的不同阶段具有很不一样的创新促进效果,这一研究发现有利于客观认识特定制度的力量与局限,以及制度停滞为何会将后发优势演变成后发劣势,解释了随创新阶段转换动态调整制度体制的必要性。此外,一些似乎一定有利于技术创新的制度体制(如风险投资和科技园建设),其是否能够真正发挥应有的创新促进效果也取决于一些前提条件是否满足,并非理所当然。最后,创新是有层次之别的,从要素禀赋结构的视角来看,我国现在已是复制模仿型创新丰富的国家,但仍是准前沿、前沿创新稀缺的国家。鼓励高新科技发展,实现创新类型转变是我国创新型国家建设的真正内涵,也是我国经济实现由要素驱动向创新驱动转变、提升产业结构以及优化全球价值链分工地位的根本保证。

虽然本书已经完成了一系列的研究工作,但这一研究仍存在诸多不足和可拓展之处。本书策划之初,曾设想在内生增长理论的框架下,利用博弈论模型进行一些创新激励机制设计的理论研究。然而,由于一些技术细节未能解决,本书目前完成的研究内容主要是沿着"制度体制—技术创新—贸易表现"的主线,进行了较为宏观的实证研究。未来计划进一步做如下方面的拓展:首先,对于技术创新与国际技术扩散的影响因素,以及政府在技术创新、产业升级和贸易结构优化中的作用,将进一步尝试利用内生增长理论、动态产业结构理论和博弈论进行数理建模。其次,将加强对技术创新的其他影响因素,以及影响全球价值链组织模式选择(会影响国际技术扩散和技术创新的效果)的制度安排的研究;同时,进一步加强对日本、韩国等成功实现产业转型经济体的研究,总结其经验教训,为我国的制度改革、技术创新、产业转型和贸易升级提供借鉴。最后,将利用更微观的数据进行理论假说的实证检验。基于行业或企业层面,利用中国工业企业数据库以及国际投入产出数据,进一步收集相关增加值贸易数据,测度我国企业或行业在 GVC 中的地位和演变情况,并进一步研究技术创新和创新商业化对其国际分工地位和贸易利益的影响。

参考文献

Abadie A, Diamond A, Hainmueller J. Comparative politics and the synthetic control method[J]. American Journal of Political Science, 2015, 59(2): 495-510.

Abadie A, Diamond A, Hainmueller J. Synthetic control methods for comparative case studies: estimating the effect of california's tobacco control program [J]. Journal of the American Statistical Association, 2010, 105(490): 493-505.

Abadie A, Gardeazabal J. The economic costs of conflict: a case study of the basque country[J]. American Economic Review, 2003, 93(1): 113-132.

Aghion P, Bolton P. An incomplete contracts approach to financial contracting[J]. Review of Economic Studies, 1992, 59(3): 473-494.

Aghion P, Bond S, Klemm A, et al. Technology and financial structure: are innovative firms different? [J]. Journal of the European Economic Association, 2004, 2(2-3): 277-288.

Aghion P, Howitt P. A model of growth through creative destruction[J]. Econometrica, 1992, 60(2): 323-351.

Albahari A, Barge-Gil A, Pérez-Canto S, et al. The influence of science and technology park characteristics on firms 'innovation results[J]. Papers in Regional Science, 2018, 97(2): 253-279.

Allen F, Gale D. Comparing financial systems [M]. Cambridge: MIT

Press, 2000.

Amin A, Wilkinson F. Learning, proximity and industrial performance: an introduction[J]. Cambridge Journal of Economics, 1999, 23(2): 121-125.

An Z, Hou Y. Centralised versus decentralised subnational debt and soft budget constraint: evidence from China[J]. Journal of Public Finance and Public Choice, 2019, 34(2): 173-188.

Anderton B. Innovation, product quality, variety, and trade performance: an empirical analysis of germany and the UK[J]. Oxford Economic Papers, 1999, 51(1): 152-167.

Arestis P, Demetriades P O, Luintel K B. Financial development and economic growth: the role of stock markets[J]. Journal of Money, Credit and Banking, 2001, 33(1): 16-41.

Arvanitis S, Stucki T. Theimpact of venture capital on the persistence of innovation activities of start-ups[J]. Small Business Economics, 2014, 42(4): 849-870.

Ayotte K M, Morrison E R. Creditor control and conflict in chapter 11[J]. The Journal of Legal Analysis, 2009, 1(2): 511-551.

Baesu V, Albulescu C T, Farkas Z B, et al. Determinants of the high-tech sector innovation performance in the european union: a review[J]. Procedia Technology, 2015, 19: 371-378.

Barro R J. Determinants of economic growth: a cross-country empirical study[M]. Cambridge: MIT Press, 1998.

Basile R. Export behaviour ofItalian manufacturing firms over the nineties: the role of innovation[J]. Research Policy, 2001, 30(8): 1185-1201.

Baum C F, Schafer D, Talavera O. The impact of the financial system's structure on firm's financial constraints[J]. Journal of International Money and Finance, 2011, 30(4): 678-691.

Baumol W J. Entrepreneurship: productive, unproductive, and destructive[J]. Journal of Political Economy, 1990, 98(5): 893-921.

Beck T, Demirgüç-Kunt A, Levine R. Financial institutions and markets across countries and over time[J]. World Bank Economic Review, 2010, 24(1): 77-92.

Beck T, Levine R, Loayza N. Finance and the sources of growth[J]. Journal of Financial Economics, 2000, 58(1-2): 261-300.

Benmelech E, Bergman N K. Collateral pricing[J]. Journal of Financial Economics, 2009, 91(3): 339-360.

Bhagat S, Welch I. Corporate research & development investments international comparisons[J]. Journal of Accounting and Economics, 1995, 19(2-3): 443-470.

Boeing P, Eberle J, Howell A. The impact of China's R&D subsidies on R&D investment, technological upgrading and economic growth[J]. Technological Forecasting and Social Change, 2022, 174: 121212.

Boschma R, Frenken K. The emerging empirics of evolutionary economic geography[J]. Journal of Economic Geography, 2011, 11(2): 295-307.

Brown J R, Fazzari S M, Petersen B C. Financing innovation and growth: cash flow, external equity and the 1990s R&D boom[J]. Journal of Finance, 2009, 64(1): 151-185.

Brown J R, Martinsson G, Petersen B C. Do financing constraints matter for R&D? [J] European Economic Review, 2012, 56(8): 1512-1529.

Cao J, Cumming D, Zhou S. State ownership and corporate innovative efficiency[J]. Emerging Markets Review, 2020, 44: 100699.

Caselli S, Gatti S, Perrini F. Are venture capitalists a catalyst for innovation? [J]. European Financial Management, 2009, 15(1): 92-111.

Cetorelli N, Gambera M. Banking market structure, financial dependence and growth: International evidence from industry data[J]. The Journal of Finance, 2001, 56(2): 617-648.

Chemmanur T J, Loutskina E, Tian X. Corporate venture capital, value creation, and innovation [J]. Review of Financial Studies, 2014, 27(8): 2434-2473.

Cheng H, Fan H, Hoshi T, et al. Do innovation subsidies make Chinese firms more innovative? Evidence from the China employer employee survey[J]. NBER Working Paper 25432, 2019.

Choi B, Kumar S M V, Zambuto F. Capital structure and innovation trajectory:

The role of debt in balancing exploration and exploitation[J]. Organization Science, 2016, 27(5): 1183-1201.

Choi S B, Lee S H, Williams C. Ownership and firm innovation in a transition economy: evidence from China[J]. Research Policy, 2011, 40: 441-452.

Colombo M G, Delmastro M. Howeffective are technology incubators? evidence from Italy[J]. Research Policy, 2002, 31(7): 1103-1122.

David P, O'Brien J P, Yoshikawa T. The implications of debt heterogeneity for R&D investment and firm performance[J]. Academy of Management Journal, 2008, 51(1): 165-181.

Davidson W H. Factor endowment, innovation and international trade theory[J]. Kyklos, 1979, 32(4): 764-774.

Deardorff A V. Fragmentation across cones[C]// Kierzkowski H, Arndt S. Fragmentation: new production patterns in the world economy. Oxford: Oxford University Press, 2001.

Deardorff A V. Weak links in the chain of comparative advantage[J]. Journal of International Economics, 1979, 9(2): 197-209.

Demirgüç-KuntA, Feyen E, Levine R. The evolving importance of banks and securities markets[J]. The World Bank Economic Review, 2013, 27(3): 476-490.

Demirguc-Kunt A, Levine R. Financial structure and economic growth: a cross-country comparison of banks, markets and development [M]. Cambridge: MIT Press, 2004.

Dewatripont M, Maskin E. Credit and efficiency in centralized anddecentralized economies[J]. The Review of Economic Studies, 1995, 62(4): 541-555.

Diamond W D. Financial intermediation and delegated monitoring[J]. The Review of Economic Studies, 1984, 51(3): 393-414.

DiPietro W R, Anoruo E. Creativity, innovation, and export performance[J]. Journal of Policy Modeling, 2006, 28(2): 133-139.

Draghici A, Albulescu C T. Does the entrepreneurial activity enhance the national innovative capacity? [J]. Procedia-Social and Behavioral Sciences, 2014, 124: 388-396.

Erdal L, Göçer i. The effects of foreign direct investment on R&D and innovations[J]. Procedia-Social and Behavioral Sciences, 2015, 195: 749-758.

European Commision. Settingup, managing and evaluating EU science and technology parks[M]. Luxembourg: Publications Office of the European Union, 2014.

Fagerberg J, Srholec M, Knell M. The competitiveness of nations: why some countries prosper while others fall behind[J]. World Development, 2007, 35(10): 1595-1620.

Fang L, Lerner J, Wu C, Zhang Q. Corruption, government subsidies, and innovation: evidence from China[J]. NBER Working Paper 25098, 2018.

Faruq H A. How institutions affect export quality[J]. Economic Systems, 2011, 35(4): 586-606.

Feldman E J. Concorde and dissent: explaining high technology project failures in Britain and France[M]. New York: Cambridge University Press, 1985.

Feldman M P. The new economics of innovation, spillovers and agglomeration: a review of empirical studies[J]. Economics of Innovation and New Technology, 1999, 8(1-2): 5-25.

Fellner W. Two propositions in the theory of induced innovations[J]. The Economic Journal, 1961, 71(282): 305-308.

Felsenstein D. University-related science parks—'seedbeds' or 'enclaves' of innovation? [J]. Technovation, 1994, 14(2): 93-110.

Fritsch M, Schwirten C. Enterprise-university co-operation and the role of public research institutions in regional innovation systems[J]. Industry and Innovation, 1999, 6(1): 69-83.

Gilson S C. Management turnover and financial distress[J]. Journal of Financial Economics, 1989, 25(2): 241-262.

Greenhalgh C. Innovation and trade performance in the United Kingdom[J]. The Economic Journal, 1990, 100(400): 105-118.

Guan J, Ma N. Innovative capability and export performance of Chinese firms[J]. Technovation, 2003, 23(9): 737-747.

Guariglia A, Liu P. To what extent do financing constraints affect Chinese firms' innovation activities? [J]. International Review of Financial Analysis, 2014, 36: 223-240.

Hall B H, Lerner J. The financing of R&D and innovation[J]. Handbook of the Economics of Innovation, 2010, (1): 609-639.

Hall B H. The financing of research and development[J]. Oxford Review of Economic Policy, 2002, 18(1): 35-51.

Hansen B E. Threshold effects in non-dynamic panels: estimation, testing, and inference[J]. Journal of Econometrics, 1999, 93(2): 345-368.

Hansson F. Scienceparks as knowledge organizations-the "ba" in action? [J]. European Journal of Innovation Management, 2007, 10(3): 348-366.

Harris R. Stock markets and development: A re-assessment[J]. European Economic Review, 1997, 41(1): 139-146.

Hausmann R, Rodrik D. Economic development as self-discovery[J]. Journal of Development Economics, 2003, 72(2): 603-633.

Hellwig M. Banking, financial intermediation and corporate finance[A]//Giovannini A, Mayer C. European Financial Integration[M]. Cambridge: Cambridge University Press, 1991.

Henderson M T. Paying CEOs in bankruptcy: executive compensation when agency costs are low[J]. Northwestern University Law Review, 2007, 101(4): 1543-1618.

Hicks J R. Thetheory of wages[M]. London: Macmillan, 1932.

Holmstrom B, Tirole J. Financial intermediation, loanable funds and the real sector[J]. The Quarterly Journal of Economics, 1997, 112(3): 663-691.

Howell A. Picking 'winners' in China: do subsidies matter for indigenous innovation and firm productivity? [J]. China Economic Review, 2017, 44: 154-165.

Hsuan P H, Tian X, Xu Y. Financial development and innovation: cross-country evidence[J]. Journal of Financial Economics, 2014, 112(1): 116-135.

Hu A. Technologyparks and regional economic growth in China[J]. Research Policy, 2007, 36(1): 76-87.

Huang H, Xu C. Financial syndication and R&D[J]. Economics Letters, 2003,

80(2): 141-146.

Huang H, Xu C. Institutions, innovations, and growth[J]. The American Economic Review, 1999, 89(2): 438-443.

Huang H, Xu C. Soft budget constraint and the optimal choices of research and development projects financing[J]. Journal of Comparative Economics, 1998, 26(1): 62-79.

Jerneck M. When soft budget constraints promote innovation: Kornai meets Schumpeter in Japan[J]. Industrial and Corporate Change, 2020, 29(6): 1415-1430.

Jin B, García F, Salomon R. Inward foreign direct investment and local firm innovation: the moderating role of technological capabilities[J]. Journal of International Business Studies, 2019, 50: 847-855.

Jordan J, Lowe J, Taylor P. Strategy and financial policy in UK small firms[J]. Journal of Business Finance and Accounting, 1998, 25(1-2): 1-27.

Khan M K, He Y, Akram U, Zulfiqar S, et al. Firms' technology innovation activity: Does financial structure matter? [J]. Asia-Pacific Journal of Financial Studies, 2018, 47(2): 329-353.

Kim S, Lee H, Kim J. Divergent effects of external financing on technology innovation activity: Korean evidence[J]. Technological Forecasting and Social Change, 2016, 106: 22-30.

Kornai J, Maskin E, Roland G. Understanding the soft budget constraint[J]. Journal of Economic Literature, 2003, 41(4): 1095-1136.

Kornai J. Dynamism, rivalry, and the surplus economy: two essays on the nature of capitalism[M]. New York: Oxford University Press, 2014a.

Kornai J. The soft budget constraint: an introductory study to volume Ⅳ of the Life's Work series[J]. Acta Oeconomica, 2014b, 64(S1): 25-79.

Kornai J. The soft budget constraint[J]. Kyklos, 1986, 39(1): 3-30.

Kortum S, Lerner J. Assessing the contribution of venture capital to innovation[J]. The RAND Journal of Economics, 2000, 31(4): 674-692.

Kpodar K, Singh R J. Does financial structure matter for poverty? Evidence from developing countries [R]. World Bank Policy Research Working Paper, WPS5915, 2011.

Levine R. Stock markets, growth, and tax policy[J]. Journal of Finance, 1991, 46(4): 1445-1465.

Lin J Y F, Tan G F. Policy burdens, accountability, and the soft budget constraint[J]. American Economic Review, 1999, 89(2): 426-431.

Lindelöf P, Löfsten H. Science park location and new technology-based firms in sweden-implications for strategy and performance[J]. Small Business Economics, 2003, 20(3): 245-258.

Löfsten H, Lindelöf P. Science parks and the growth of new technology-based firms—academic-industry links, innovation and markets[J]. Research Policy, 2002, 31(6): 859-876.

Long M, Malitz I. The investment-financing nexus: some empirical evidence[J]. Midland Corporate Finance Journal, 1985, 3(3): 53-59.

Long W F, Ravenscraft D J. LBOs, debt and R&D intensity[J]. Strategic Management Journal, 1993, 14(S1): 119-135.

Lundvall B A. National systems of innovation: Toward a theory of innovation and interactive learning[M]. London: Anthem Press, 2010.

Machado J A F, Santos Silva J M C. Quantiles via moments[J]. Journal of Econometrics, 2019, 213(1): 145-173.

Maskus K E, Milani S, Neumann R. The impact of patent protection and financial development on industrial R&D[J]. Research Policy, 2019, 48(1): 355-370.

McKinnon R I. Money and capital in economic development[M]. Washington: Brookings Institution Press, 1973.

Meierrieks D. Financial development and innovation: is there evidence of a Schumpeterian finance-innovation nexus? [J]. Annals of Economics and Finance, 2014, 15(2): 343-363.

Merton R C. A functional perspective of financial intermediation[J]. Financial Management, 1995: 23-41.

Minguillo D, Tijssen R, Thelwall M. Do science parks promote research and technology? A scientometric analysis of the uk[J]. Scientometrics, 2015, 102(1): 701-725.

Morck R, Nakamura M. Banks and corporate control in Japan[J]. Journal of Finance, 1999, 54(1): 319-339.

Moser P. Patents and innovation: Evidence from economic history[J]. Journal of Economic Perspectives, 2013, 27(1): 23-44.

Muller E, Zimmermann V. The importance of equity finance for R&D activity[J]. Small Business Economics, 2009, 33(3): 303-318.

Nohria N, Gulati R. Is slack good or bad for innovation[J]. The Academy of Management Journal, 1996, 39(5): 1245-1264.

O'Brien J P. The capital structure implications of pursuing a strategy of innovation[J]. Strategic Management Journal, 2003, 24(5): 415-431.

Pere Arqué-Castells. How venture capitalists spur invention in Spain: evidence from patent trajectories[J]. Research Policy, 2012, 41(5): 897-912.

Polanyi M. The tacit dimension[M]. New York: Doubleday & Company, 1966.

Qian Y Y, Roland G. The soft budget constraint in China[J]. Japan and the World Economy, 1996, 8(2): 207-223.

Qian Y Y, Xu C G. Innovation and bureaucracy under soft and hard budget constraints[J]. Review of Economic Studies, 1998, 65(1): 151-164.

Rajan R G. Insiders and outsiders: the choice between informed and arm's-length debt[J]. Journal of Finance, 1992, 47(4): 1367-1400.

Ramírez-Alesón M, Fernández-Olmos M. Unravelling the effects of science parks on the innovation performance of NTBFs[J]. Journal of Technology Transfer, 2018, 43: 482-505.

Redding S. Dynamic comparative advantage and the welfare effects of trade[J]. Oxford Economic Papers, 1999, 51(1): 15-39.

Rodil Ó, Vence X, del Carmen Sánchez M. The relationship between innovation and export behaviour: the case of Galician firms[J]. Technological Forecasting and Social Change, 2016, 113: 248-265.

Roper S, Love J H. Innovation and export performance: evidence from the UK and German manufacturing plants[J]. Research Policy, 2002, 31(7): 1087-1102.

Sandu S, Ciocanel B. Impact of R&D andinnovation on high-tech export[J]. Procedia Economics and Finance, 2014, 15: 80-90.

Schumpeter J A. Capitalism, socialism, democracy[M]. Milton Park: Routledge, 1942.

Scott C. Soft budgets and hard rents: a note on Kornai and Gomulka[J]. Economics of Planning, 1990, 23(2): 117-127.

Sheehan R J, Graham J E. Capital structure choice and the new high-tech firm[J]. Proceeding of The Academy of Economics and Finance, 2001: 1-17.

Simonen J, McCann P. Innovation, R&D cooperation and labor recruitment: Evidence from Finland[J]. Small Business Economics, 2008, 31(2): 181-194.

Snowdon B, Vane H R. Modern macroeconomics: its origins, development and current state[M]. Cheltenham: Edward Elgar Pub, 2005.

Steruska J, Simkova N, Pitner T. Do science and technology parks improve technology transfer? [J]. Technology in Society, 2019, 59: 101127.

Stiglitz J E, Weiss A. Credit rationing in markets with imperfectinformation[J]. American Economic Review, 1981, 71(3): 393-410.

Stiglitz J E. Credit markets and the control of capital[J]. Journal of Money Credit & Banking, 1985, 17(2): 133-152.

Stock J, Watson M. Introduction to econometrics (4th Edition) [M]. New York: Pearson, 2019.

Su H, Zhu C. Application of entropy weight coefficient method in evaluation of soil fertility[J]. Recent Advances in Computer Science and Information Engineering, 2012, 3: 697-703.

Swann G M P. The economics of innovation: an introduction[M]. Cheltenham: Edward Elgar Publishing, 2014.

Tappeiner G, Hauser C, Walde J. Regional knowledge spillovers: fact or artifact? [J]. Research Policy, 2008, 37(5): 861-874.

Tee L T, Low S W, Kew S R, Ghazali N A. Financial development and innovation activity: evidence from selected east asian countries[J]. Prague Economic Papers, 2014, 23(2): 162-180.

Teng D, Yi J. Impact of ownership types on R&D intensity and innovation performance—evidence from transitional China[J]. Frontiers of Business Research in China, 2017, 11(1): 1-25.

Thiel P A, Masters B. Zero to one: Notes on startups, or how to build the future[M]. New York: Broadway Business, 2014.

Tian X, Wang T Y. Tolerance for failure and corporate innovation[J]. Review of Financial Studies, 2014, 27(1): 211-255.

Vandenbussche J, Aghion P, Meghir C. Growth, distance to frontier and composition of human capital[J]. Journal of Economic Growth, 2006, 11(2): 97-127.

Vásquez-Urriago Á R, Barge-Gil A, Rico A M, et al. The impact of science and technology parks on firms' product innovation: empirical evidence from Spain[J]. Journal of Evolutionary Economics, 2014, 24(4): 835-873.

Vásquez-Urriago Á R, Barge-Gil A, Rico A M. Science and technology parks and cooperation for innovation: empirical evidence from Spain[J]. Research Policy, 2016, 45(1): 137-147.

Vernon R. International investment and international trade in the product cycle[J]. The Quarterly Journal of Economics, 1966, 80(2): 190-207.

Wang Q. Fixed-effect panel threshold model using Stata[J]. TheStata Journal, 2015, 15(1): 121-134.

Westhead P. R&D "inputs" and "outputs" of technology-based firms located on and off science parks[J]. R&D Management, 1997, 27(1): 45-62.

Williamson O E. Corporate finance and corporate governance[J]. The Journal of Finance, 1988, 43(3): 567-591.

WIPO. World intellectual property indicators 2017[M]. Geneva: World Intellectual Property Organization, 2017.

Woo W T. China meets the middle-income trap: the large potholes in the road to catching-up[J]. Journal of Chinese Economic and Business Studies, 2012, 10(4): 313-336.

Yang C, Motohashi K, Chen J R. Are new technology-based firms located on science parks really more innovative? Evidence from Taiwan[J]. Research Policy, 2009, 38(1): 77-85.

Zhang A, Zhang Y, Zhao R. A study of the R&D efficiency and productivity of Chinese firms[J]. Journal of Comparative Economics, 2003, 31(3): 444-464.

Zhou K, Gao G, Zhao H. State ownership and firm innovation in China: an integrated view of institutional and efficiency logics[J]. Administrative Science Quarterly, 2017, 62(2): 375-404.

拉奥,斯加鲁菲.硅谷百年史[M].北京:人民邮电出版社,2016.

蔡庆丰,陈熠辉,林海涵.开发区层级与域内企业创新:激励效应还是挤出效应?——基于国家级和省级开发区的对比研究[J].金融研究,2021,491(5):153-170.

陈见丽.风险投资能促进高新技术企业的技术创新吗?——基于中国创业板上市公司的经验证据[J].经济管理,2011,33(2):71-77.

陈思,何文龙,张然.风险投资与企业创新:影响和潜在机制[J].管理世界,2017(1):158-169.

陈伟,王秀锋,曲慧,等.产学研协同创新共享行为影响因素研究[J].管理评论,2020,32(11):92-101.

陈鑫,陈德棉,叶江峰.风险投资、空间溢出与异质创新[J].管理评论,2021,33(4):102-112.

程锐,马莉莉.人力资本结构高级化与出口产品质量升级——基于跨国面板数据的实证分析[J].国际经贸探索,2019(4):42-59.

程郁,陈雪.创新驱动的经济增长——高新区全要素生产率增长的分解[J].中国软科学,2013(11):26-39.

代中强.知识产权保护提高了出口技术复杂度吗?——来自中国省际层面的经验研究[J].科学学研究,2014,32(12):1846-1858.

翟士军,黄汉民.人口红利、工资刚性与加工贸易增值强度[J].国际贸易问题,2015(11):39-50.

杜彤伟,张屹山,李天宇.财政竞争、预算软约束与地方财政可持续性[J].财经研究,2020,46(11):93-107.

杜晓英.中国加工贸易增值率影响因素的实证研究——基于2001年~2010

年省际面板数据的分析[J].经济经纬,2014(3):37-41.

段文斌,张红星.转型期国有商业银行的软预算约束[J].南开学报,2005(6):115-121.

冯照桢,温军,刘庆岩.风险投资与技术创新的非线性关系研究——基于省级数据的 PSTR 分析[J].产业经济研究,2016(2):32-42.

龚强,张一林,林毅夫.产业结构、风险特性与最优金融结构[J].经济研究,2014,49(4):4-16.

苟燕楠,董静.风险投资进入时机对企业技术创新的影响研究[J].中国软科学,2013(3):132-140.

郭迪.创新与创业融资:政府资助和风险投资的比较[J].比较,2017,89(2):240-245.

郭研,郭迪,姜坤.市场失灵、政府干预与创新激励[J].经济科学,2016(3):114-128.

郭月梅,欧阳洁.地方政府财政透明、预算软约束与非税收入增长[J].财政研究,2017(7):73-88.

韩永辉,黄亮雄,王贤彬.产业政策推动地方产业结构升级了吗?——基于发展型地方政府的理论解释与实证检验[J].经济研究,2017,52(8):33-48.

胡善成,靳来群,刘慧宏.金融结构对技术创新的影响研究[J].中国科技论坛,2019(10):33-42.

景光正,李平,许家云.金融结构、双向 FDI 与技术进步[J].金融研究,2017(7):62-77.

孔令丞,柴泽阳.省级开发区升格改善了城市经济效率吗?——来自异质性开发区的准实验证据[J].管理世界,2021,37(1):60-75,5.

李汇东,唐跃军,左晶晶.用自己的钱还是用别人的钱创新?——基于中国上市公司融资结构与公司创新的研究[J].金融研究,2013(2):170-183.

李黎明,刘海波.知识产权保护是否影响了我国高技术产业的发展转型?[J].科学学与科学技术管理,2014,35(9):3-13.

李启航,黄璐,张少辉.国家高新区设立能够提升城市全要素生产率吗?——基于261个地级市TFP分解数据的路径分析[J].南方经济,2021(3):54-72.

李政,杨思莹.国家高新区能否提升城市创新水平?[J].南方经济,2019(12):49-67.

梁琦.空间经济学:过去、现在与未来——兼评《空间经济学:城市、区域与国际贸易》[J].经济学(季刊),2005(3):1067-1086.

林志帆,龙晓旋.金融结构与发展中国家的技术进步[J].经济学动态,2015(12):57-68.

凌丹,张小云.技术创新与全球价值链升级[J].中国科技论坛,2018(10):53-61,100.

刘德学,李晓姗.加工贸易升级机制实证分析[J].国际经贸探索,2010(8):4-9.

刘海云,毛海欧.国家国际分工地位及其影响因素——基于"GVC地位指数"的实证分析[J].国际经贸探索,2015(8):44-53.

卢锋.产品内分工[J].经济学(季刊),2004(4):55-82.

吕政,张克俊.国家高新区阶段转换的界面障碍及破解思路[J].中国工业经济,2006(2):5-12.

马述忠,张洪胜,王笑笑.融资约束与全球价值链地位提升——来自中国加工贸易企业的理论与证据[J].中国社会科学,2017(1):83-107,206.

马微,惠宁.金融结构对技术创新的影响效应及其区域差异研究[J].经济科学,2018(2):75-87.

波特.国家竞争优势[M].北京:中信出版社,2012.

毛其淋.人力资本推动中国加工贸易升级了吗?[J].经济研究,2019(1):52-67.

千慧雄,安同良.中国金融结构与创新结构的适应性研究[J].经济学家,2020(2):88-98.

尚马克,许成钢,张维迎,等.创新与经济增长[J].比较,2017,89(2):201-210.

沈国兵,袁征宇.企业互联网化对中国企业创新及出口的影响[J].经济研究,2020,55(01):33-48.

施华强,彭兴韵.商业银行软预算约束与中国银行业改革[J].金融研究,2003(10):1-16.

施华强.中国国有商业银行不良贷款内生性:一个基于双重软预算约束的分析框架[J].金融研究,2004(6):1-16.

孙伍琴.论不同金融结构对技术创新的影响[J].经济地理,2004(2):182-186.

孙早,肖利平.融资结构与企业自主创新——来自中国战略性新兴产业A股上市公司的经验证据[J].经济理论与经济管理,2016(3):45-58.

谭静,张建华.开发区政策与企业生产率——基于中国上市企业数据的研究[J].经济学动态,2019(1):43-59.

谭政勋,庹明轩.不良贷款、资本充足率与商业银行效率[J].金融论坛,2016,21(10):40-50.

唐鹏,周来友,石晓平.地方政府对土地财政依赖的影响因素研究——基于中国1998-2010年的省际面板数据分析[J].资源科学,2014,36(7):1374-1381.

铁瑛.城市劳动参与率变迁与中国加工贸易升级——基于出口国内附加值率的经验研究[J].中南财经政法大学学报,2019(2):116-127.

汪冲.渐进预算与机会主义——转移支付分配模式的实证研究[J].管理世界,2015(1):18-29.

王兵,朱宁.不良贷款约束下的中国上市商业银行效率和全要素生产率研究——基于SBM方向性距离函数的实证分析[J].金融研究,2011(1):110-130.

王康,李逸飞,李静,赵彦云.孵化器何以促进企业创新?——来自中关村海淀科技园的微观证据[J].管理世界,2019,35(11):102-118.

王兰芳,胡悦.创业投资促进了创新绩效吗?——基于中国企业面板数据的实证检验[J].金融研究,2017(1):177-190.

王婷.区域视角下风险投资对技术创新的促进效应研究[J].科学学研究,2016,34(10):1576-1582,1592.

王宛秋,马红君.技术邻近性、研发投入与技术并购创新绩效——基于企业生命周期的视角[J].管理评论,2020,32(6):104-113.

王小鲁,樊纲,胡李鹏.中国分省份市场化指数报告[M].北京:社会科学文献出版社,2019.

王叙果,张广婷,沈红波.财政分权、晋升激励与预算软约束——基于政府过度负债省级政府数据的实证分析[J].财政研究,2012(3):10-15.

王永进,张国峰.开发区生产率优势的来源:集聚效应还是选择效应?[J].经济研究,2016,51(07):58-71.

王志刚,龚六堂.财政分权和地方政府非税收入:基于省级财政数据[J].世界经济文汇,2009(5):17-38.

温军,冯根福.风险投资与企业创新:"增值"与"攫取"的权衡视角[J].经济研究,2018,53(2):185-199.

吴一平,李鲁.中国开发区政策绩效评估:基于企业创新能力的视角[J].金融研究,2017(6):126-141.

肖渊,高春东,魏颖,等.关于做好国家高新技术产业开发区"高"和"新"两篇文章的一些思考[J].中国科学院院刊,2021,36(1):86-92.

谢子远,鞠芳辉.产业集群对我国区域创新效率的影响——来自国家高新区的证据[J].科学学与科学技术管理,2011,32(7):69-73.

熊家财,桂荷发.风险投资、派驻董事与企业创新:影响与作用机理[J].当代财经,2018(4):123-133.

徐明,刘金山.何种金融结构有利于技术创新——理论解构、实践导向与启示[J].经济学家,2017(10):54-64.

许成钢.计划模式与市场模式下的创新机制[J].比较,2017,89(2):211-217.

杨俊,王佳.金融结构与收入不平等:渠道和证据——基于中国省际非平稳异质面板数据的研究[J].金融研究,2012(1):116-128.

杨震宁,李东红,王玉荣.科技园"温床"与"围城"效应对企业创新的影响研究[J].科研管理,2015,36(1):34-42.

杨志安,邱国庆.税制结构变迁对地方政府预算软约束的影响[J].税务研究,2019(2):63-68.

姚震宇.中国地方政府的软预算约束——基于地级以上市地方财政赤字水平的统计分析[J].江苏社会科学,2014(5):86-90.

尹华,周任远,孙元欣.创新促进了加工贸易转型升级吗?——来自中国海关产品出口层面的证据[J].现代经济探讨,2018(4):34-42.

尹俊雅,王海.高新区政策的技术追赶效应——基于内外资企业TFP差距的分析[J].经济学动态,2020(11):115-130.

余锦亮,卢洪友.分类预算、软约束与财政努力程度——对地方政府收支行为激励效应的一个检验[J].经济科学,2018(4):19-32.

袁航,朱承亮.国家高新区推动了中国产业结构转型升级吗[J].中国工业经济,2018(8):60-77.

苑德宇.地方政府投资的决定因素研究:基于税收预决算偏离的视角[J].世界经济,2014,37(8):173-192.

张恩众,张守桢.金融资本、金融结构与区域创新能力[J].山东大学学报(哲学社会科学版),2017(1):88-96.

张宽,黄凌云.贸易开放、人力资本与自主创新能力[J].财贸经济,2019,40(12):112-127.

张岭.股权与债权融资对技术创新绩效的影响研究[J].科研管理,2020,41(8):95-104.

张明,胡兵.加工贸易增值率的实证研究[J].国际贸易问题,2010(4):25-31.

张庆霖,陈万灵.外资进入、内资研发与加工贸易升级——基于面板数据的实证研究[J].国际经贸探索,2011(7):4-9.

张夏,施炳展,汪亚楠,等.经济政策不确定性真的会阻碍中国出口贸易升级吗?[J].经济科学,2019(2):40-52.

张秀峰,胡贝贝,张莹.自主创新示范区政策试点对国家高新区研发创新绩效的影响研究[J].科研管理,2020,41(11):25-34.

张一林,龚强,荣昭.技术创新、股权融资与金融结构转型[J].管理世界,2016(11):65-80.

赵延东,张文霞.集群还是堆积——对地方工业园区建设的反思[J].中国工业经济,2008(01):131-138.

郑江淮,高彦彦,胡小文.企业"扎堆"、技术升级与经济绩效——开发区集聚效应的实证分析[J].经济研究,2008(5):33-46.

周茂,李雨浓,姚星,等.人力资本扩张与中国城市制造业出口升级:来自高校扩招的证据[J].管理世界,2019(5):64-77,198-199.

周茂,陆毅,杜艳,等.开发区设立与地区制造业升级[J].中国工业经济,2018(3):62-79.

庄新霞,欧忠辉,周小亮,等.风险投资与上市企业创新投入:产权属性和制度环境的调节[J].科研管理,2017,38(11):48-56.

邹建军.何种金融结构更能促进创业创新?——产业发展视角的中国数据检验[J].产经评论,2018,9(1):61-74.

附　录

附录1　中国国家自主创新示范区一览表

名称	所在地	成立时间	含高新区个数
中关村	北京	2009.3	1
武汉东湖	湖北:武汉	2009.12	1
上海张江	上海	2011.1	2
深圳	广东:深圳	2014.5	1
苏南	江苏:南京、苏州、无锡、常州、镇江	2014.10	8+1(苏州工业园区)
天津	天津	2014.12	1
长株潭	湖南:长沙、株洲、湘潭	2014.12	3
成都	四川:成都	2015.6	1
西安	陕西:西安	2015.8	1
杭州	浙江:杭州	2015.8	2
珠三角	广东:广州、珠海、佛山、惠州、东莞、中山、江门、肇庆	2015.9	8
郑洛新	河南:郑州、洛阳、新乡	2016.4	3

（续表）

名称	所在地	成立时间	含高新区个数
山东半岛	山东：济南、青岛、淄博、潍坊、烟台、威海	2016.4	6
沈大	辽宁：沈阳、大连	2016.4	2
福厦泉	福建：福州、厦门、泉州	2016.6	3
合芜蚌	安徽：合肥、芜湖、蚌埠	2016.6	3
重庆	重庆	2016.7	1
宁波、温州	浙江：宁波、温州	2018.2	2
兰州、白银	甘肃：兰州、白银	2018.2	2
乌昌石	新疆：乌鲁木齐、昌吉、石河子	2018.11	3
鄱阳湖	江西：南昌、新余、景德镇、鹰潭、抚州、吉安、赣州	2019.8	7

资料来源：中国科技部火炬高技术产业开发中心，网址：http://www.chinatorch.gov.cn/，信息截至2021年6月。

附录2 图4-2 基础评估结果中各控制地区的SCM最优权重

控制地区	权重1	权重2	权重3	权重4
甘肃	0	0	0	0.374
广西	0	0	0	0.091
贵州	0	0.079	0	0
海南	0.082	0	0	0
河北	0	0	0	0
黑龙江	0.263	0.921	0	0.12
吉林	0.177	0	0.357	0.09
江西	0.414	0	0.063	0
内蒙古	0	0	0	0
宁夏	0	0	0.58	0
青海	0	0	0	0
山西	0.064	0	0	0.06
西藏	0	0	0	—
新疆	0	0	0	0
云南	0	0	0	0.264

注:权重1对应的结果变量为高端创新;权重2对应的结果变量为中端创新;权重3对应的结果变量为低端创新;权重4对应的结果变量为创新商业化。

附录3 图4-2基础评估结果中各预测变量政策干预前匹配情况

预测变量	真实值	合成值1	合成值2	合成值3	合成值4
交通基础设施	23.225 71	24.188 81	26.924 99	26.085 19	29.556 90
外商直接投资	2.574 29	3.240 65	2.284 68	1.495 58	0.769 15
固定资产投资	0.424 41	0.459 77	0.355 05	0.614 53	0.452 47
产业结构	4.706 00	4.675 65	6.154 62	4.740 72	4.633 20
市场化水平	0.265 13	0.290 37	0.354 38	0.285 16	0.331 17
经济开放度	0.107 14	0.131 59	0.137 69	0.134 82	0.116 89
经济发展水平	4 025.762 00	4 280.383 00	5 184.012 00	4 105.626 00	3 280.572 00
研发经费投入强度	0.011 68	0.007 58	0.008 27	0.007 61	0.007 59
科研人才投入	0.000 89	0.000 66	0.000 90	0.000 68	0.000 59
城市化水平	0.374 07	0.386 71	0.504 41	0.372 49	0.303 35
金融深化	0.882 34	0.878 43	0.770 29	1.300 11	1.049 52
金融结构	5.685 97	5.517 60	5.795 95	1.338 73	4.100 91
知识产权保护	0.823 89	0.745 12	0.860 61	0.913 79	0.817 60
高端创新	0.004 81	—	0.003 33	0.003 08	0.002 13
高端创新(2002)	0.003 35	0.001 83	—	—	—
高端创新(2004)	0.001 40	0.001 52	—	—	—
高端创新(2006)	0.005 45	0.006 68	—	—	—
高端创新(2008)	0.009 81	0.005 99	—	—	—
创新商业化(1998)	5.897 02	—	—	—	5.734 04
创新商业化(1999)	6.993 65	—	—	—	7.236 62
创新商业化(2002)	6.280 12	—	—	—	6.063 98
创新商业化(2005)	8.196 24	—	—	—	8.084 35
创新商业化(2008)	8.645 53	—	—	—	8.020 41
中端创新(1992)	0.064 88	—	0.092 83	—	—
中端创新(1997)	0.077 81	—	0.128 78	—	—

(续表)

预测变量	真实值	合成值1	合成值2	合成值3	合成值4
中端创新(2002)	0.196 89	–	0.234 10	–	–
中端创新(2007)	0.650 11	–	0.593 01	–	–
低端创新(1992)	0.258 79	–	–	0.370 22	–
低端创新(1997)	0.310 06	–	–	0.349 49	–
低端创新(2002)	0.631 43	–	–	0.746 77	–
低端创新(2007)	2.398 84	–	–	1.199 73	–
对应的结果变量		高端创新	中端创新	低端创新	创新商业化

附录 4　预测变量求均值的时期说明

对于附录 3 中没加括号的预测变量,按干预前均值进行匹配。其中,经济发展水平和城市化水平为 1992 年至 2008 年的均值,产业结构为 1994 年至 2008 年的均值,科研人才投入为 1998 年至 2008 年的均值,其他所有变量为 2002 年至 2008 年的均值。对于加了括号的预测变量,按括号内年份对应的值匹配。此外,在稳健性检验中,技术创新能力为 1999–2008 年期间求均值,政府规模为 1994–2008 期间求均值,其他变量设定同附录 3。权重 V 的确定需要通过最小化干预前结果变量的 $MSPE$ 来实现,本章采用所有结果变量的全部干预前时期来计算各自的 $MSPE$。

除高端创新作为结果变量以外,在进行其余三项创新效果的评估时,还加入了高端创新本身作预测变量。高端创新求均值的期限为 2002–2008 年。由于技术创新能力变量包含了低端创新、中端创新和创新商业化指标,但不包括高端创新,故在 4 项创新指标的效果评估时,已加入技术创新能力,不需再加除自身和高端创新之外的其他结果变量。

附录 5 其他形式的稳健性检验

(1) 去掉一个(leave-one-out)

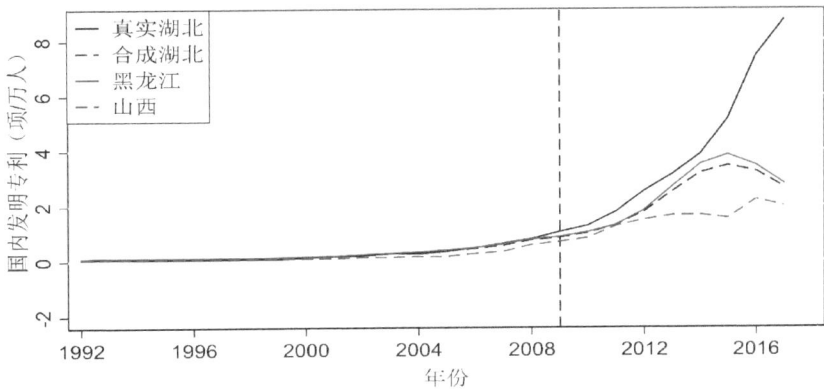

中端创新效果的稳健性检验

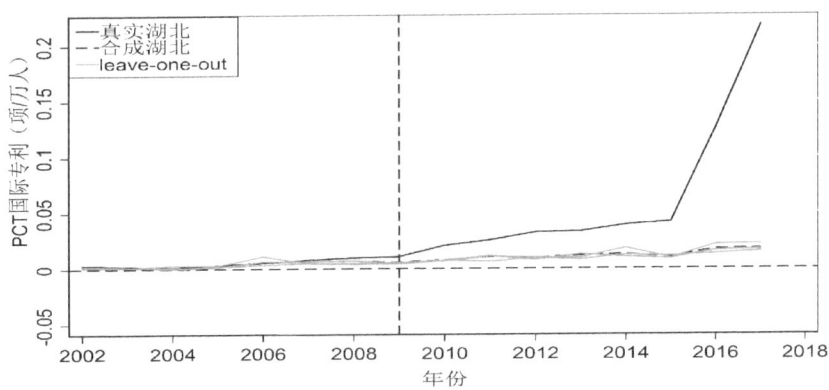

高端创新效果的稳健性检验

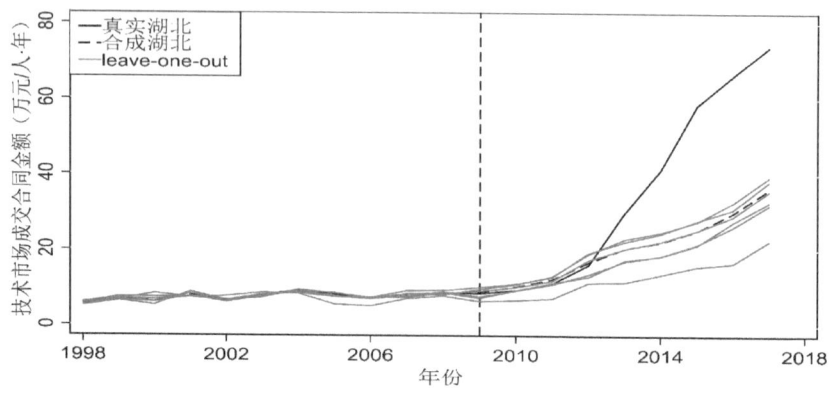

创新商业化效果的稳健性检验

对于图4-3以低端创新为结果变量的政策评估,由于正权重的控制地区只有吉林省一个,没法实施基于leave-one-out的稳健性检验;在图3以中端创新为结果变量的政策评估中,只有两个正权重的控制地区,分别是黑龙江和江西;在图4-3以高端创新为结果变量的政策评估中,有四个正权重的控制地区,分别是贵州、海南、黑龙江和吉林;在图4-3以创新商业化为结果变量的政策评估中,正权重的控制地区有甘肃、广西、海南、黑龙江、新疆和云南。上面图中"合成湖北"均对应图4-3中的,即利用所有控制地区得到的合成控制组。虽然对于不同的控制地区集合,得到的政策效果有大小差异,但上述三幅图显示图4-3所得结论对leave-one-out操作是稳健的。

(2)稀疏合成控制(sparse synthetic controls)

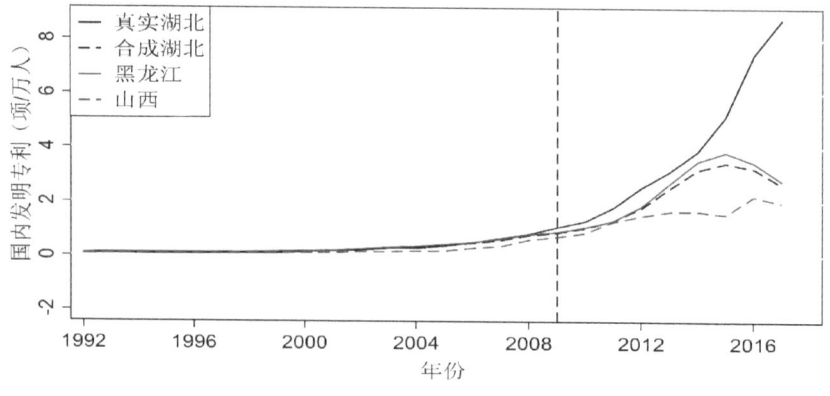

中端创新效果的稳健性检验

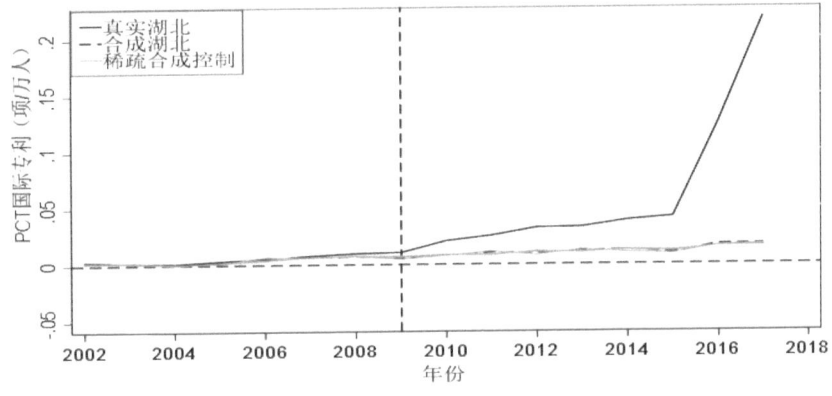

高端创新效果的稳健性检验

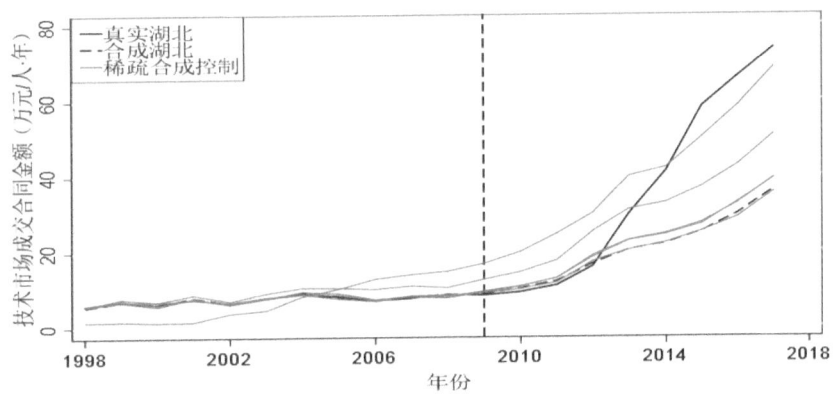

创新商业化效果的稳健性检验

通过依次不断递减权重最小的控制地区来实施稀疏合成控制,进一步进行稳健性检验。对于图4-3以低端创新为结果变量的政策评估,由于正权重的控制地区只有吉林省一个,没法进行基于稀疏合成控制的稳健性检验;在图4-3以中端创新为结果变量的政策评估中,只有两个正权重的控制地区,分别是黑龙江和江西;在图4-3以高端创新为结果变量的政策评估中,有四个正权重的控制地区,分别是贵州、海南、黑龙江和吉林;在图4-3以创新商业化为结果变量的政策评估中,正权重的控制地区有甘肃、广西、海南、黑龙江、新疆和云南。上面图中"合成湖北"均对应图4-3中的,即利用所有控制地区得到的合成控制组。虽然对于不同的控制地区集合,得到的政策评估效果依然有大小差异,但上述三幅图显示图4-3所得结论对稀疏合成控制操作也是稳健的。对创新商业化的稀疏合成控制显示,有些情形下,示范区建立对创新商业化的影响为负或较小的正效应,但由于用于合成控制的地区太少,使得拟合优度大为降低,这些结论并不可靠;而且在大多数情形下,示范区建立对创新商业化的影响仍然是正的。所以,图4-3的结论仍然是稳健的。

附录 6 其他形式的安慰剂研究

(1) 武汉东湖示范区的中端创新效应

对于图 4-3 中得到的中端创新评估结果,另一种形式的安慰剂检验是利用 donor pool 中正权重最大和最小的控制组来进行。这里在合成湖北的过程中,黑龙江的权重最大(0.826),山西的权重最小(0.174)。故分别将二者假想为处理地区做了 placebo 检验,结果如下:

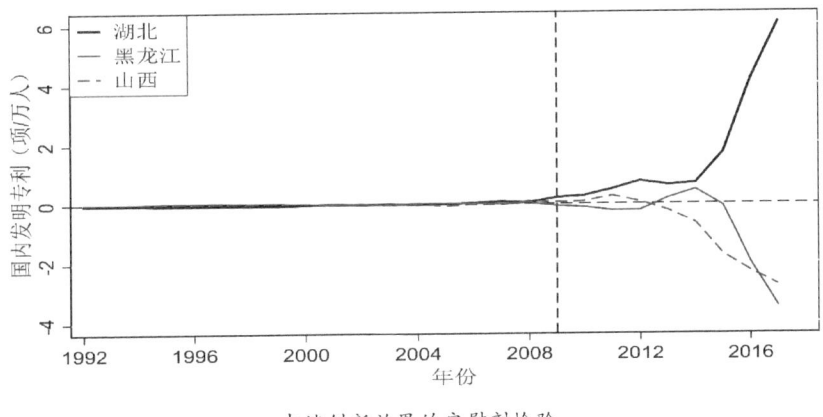

中端创新效果的安慰剂检验

图中每条曲线反映了相应省份被当作处理地区时的处理效应(湖北)或安慰剂效应(黑龙江或山西)。可见湖北省对应的处理效应曲线位于另两条安慰剂效应曲线的最上方,表明这里的实证评估结果是显著存在的。

(2) 武汉东湖示范区的高端创新效应

对于图 4-3 中得到的高端创新评估结果,本章还做了基于干预后均方预测误差($MSPE_{pos}$)与干预前均方预测误差($MSPE_{pre}$)比值的 placebo 检验,结果如下:

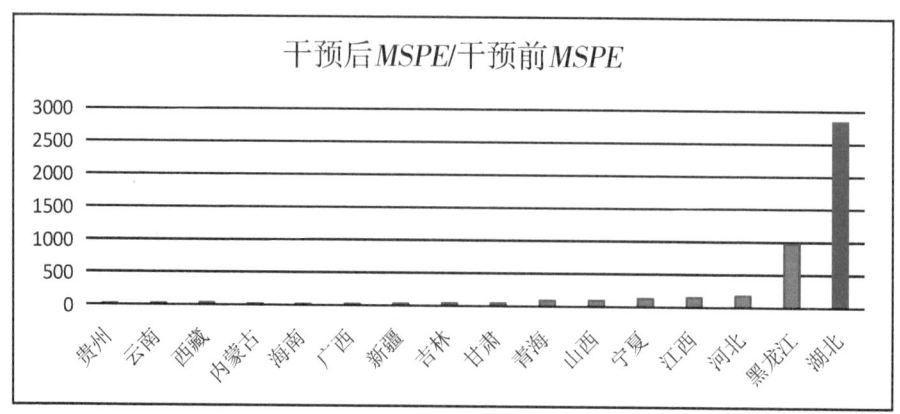

高端创新效果的安慰剂检验

上图纵轴为 $MSPE_{pos}/MSPE_{pre}$ 的比值,横轴为各个省。表示各个省作处理组时得到的 $MSPE_{pos}/MSPE_{pre}$。可见,湖北的该比值最大,这说明与假想处理地区的安慰剂效应相比,真实处理组湖北的处理效应特别大(在随机分配中其发生的概率仅为 $1/16=0.063$),再次显示实证评估结果是显著的。

后　记

山消失在山里

  一朵玫瑰正马不停蹄地成为另一朵玫瑰,你是云、是海、是忘却,你也是你曾失去的每一个自己!

——博尔赫斯《云·其一》

  在与同事和学生闲聊时,每当他们提到喜欢去山里旅游,我总会说:"我对去山里玩兴趣不大,因为我就来自大山深处,我更喜欢大海!"

  我出生在湖北西部的大山里,周围有武当山、神农架等名山大川。我家乡的山虽都有本地人取的用于标记的名字,但都不出名,但这些山也巍峨挺拔,连绵不断,环绕着我出生的村落。清晨,朝阳从山顶慢慢爬下来,群山半染金黄,半是青黛,最后普照整个村庄;傍晚,夕阳又沿着来时的路线折返回去,暮色便渐渐降临。山里的夜因为有群峰遮挡总是要更漫长一些,适合安睡,但大山也阻隔了外面的世界,无法看到山外的景象。

  懂事后,我就萌生了想看看山外世界的强烈愿望。已记不清是几岁,应该还在上小学,跟随父亲一起,我第一次尝试攀登家附近能看到的最高的山。山是这样的,虽近在眼前,似乎也不太高大,但你若想翻越,却需要花费漫长的时间和大量的体力。当父亲带着我花了好几个小时,筋疲力竭终于爬上山顶的时候,我看到的是更多更高的山,绵延不绝,一直消失在天际。虽然我看到了更壮阔的风景,但并未看到山外不同的世界。后来,当我有机会乘火车穿过鄂西无数个长长的隧道时,才意识到要用脚走出这些起伏连绵的密林高山那实在是太难了!因此,在我长期的记忆里,山带给我的,不是"山外有山"的辽阔,而是"重峦叠嶂"的阻隔。多年以后,在电影《肖申克的救赎》中,我听到这样一段台词:"任何一个你不喜欢,又离不开的地方,任何一种你不喜欢,又摆脱不了的生活,就是监狱。如果你感到痛苦和不自由,希望你心里永远有一团不会熄灭的火焰,不要麻木,不要被同化,拼命成为一个有力量破釜沉舟的人。"这段话带给我很大的震撼,身上有过电的感觉!当然,我深爱我的故乡,故乡更不是监狱,但我确实渴望看看山外广阔多彩的世界。毕竟,从未离开过家的人,怎会有乡愁!

十九岁时,作为一个羞涩但坚定的少年,我第一次走出家乡的县城,前往三峡上大学。与很多人上大学都是坐火车或乘飞机不同,我坐的是汽车,因为这是从鄂西北到鄂西南最便捷的交通方式。在远行的汽车上,我看着家乡熟悉的山川逐渐后退隐去,新的陌生峰峦相继出现,山消失在了山里!汽车在崇山峻岭间上下颠簸,整整一天才抵达宜昌。在三峡,我见识了比家乡县城繁华得多的城市,也第一次目睹了奔涌激荡的长江,还看到了"高峡出平湖"的恢宏景观。在三峡求学的岁月里,我阅读了更多更广的书籍,丰富了精神世界,也逐步确立了人生志向。二十三岁时,作为一个坚定但不那么羞涩的少年,我来到武汉,见到比宜昌更大更繁华的省城,再次见到了更平静但宽阔得像海的长江。在武汉,我研读了更专业更深入的书籍,确立了研究的领域,也更加坚定了做一个职业读书人的理想。二十五岁时,我首次离开湖北,来到河南洛阳,看到了一望无际的平原,这是与我群山环绕的故乡截然不同的地貌景象。三十一岁时,在厦门鼓浪屿,我终于见到了辽阔的大海,望不到边的水域确实令人心旷神怡。三十三岁时,作为一个不羞涩但仍然坚定的非少年,我远赴美国黑堡,在那里攀登了蓝岭、Cascades Waterfall、Dragon's Tooth、Mcafee Knob 等好几座或有名或无名的山,也领略了无边无涯的戈壁风光、气势磅礴的尼亚加拉大瀑布和烟波浩渺的大西洋。然而,当时我就在想,那些一出生就在大平原、大戈壁或大海边的人,是否也有一种被束缚的感觉呢?毕竟"一望无际"并不意味着"丰富多彩"啊!

随着走过的路越来越远,你会发现不仅"山外有山""山外也有水""山外还有大漠"……你还会知道,山与山也是不一样的:有的山巍峨耸立,令人肃然起敬;有的山不高不矮,像一个能坐下来一起喝一杯的兄弟;还有的山徒有其名,根本没有能称之为"山"的高度。如今,每当我回到大山深处的老家,在群山的怀抱里,我不再觉得山是障碍,我睡得很香很安心,有时会梦见长长的日月和大大的乾坤!

在电影《东邪西毒》里,欧阳锋有一段看似说给洪七但更多是说给自己的独白:"以前看见山,就想知道山的后面是什么,我现在已经不想知道了。每个人都要经过这个阶段,看见一座山,就想知道山的后面是什么。我想告诉他,可能翻过山后面,你会发觉没什么特别。回头看,会觉得这边更好。但是他不会相信,以他的性格,自己不试试是不会甘心的。"或许,能抵达这种境界也很难得。然而,但凡有可能,我希望自己永远保持那份"看见山,就想知道山的后面是什么"的热情与好奇。毕竟,生命就靠这么一点不试不罢休的心力和永远有远方的期待。再说,不翻过山,你又怎能知道山这边的好坏呢?

也许,我们跨越山海,并非为了比较各地的优劣,而只是为了一睹别样的风景。子曰:"知者乐水,仁者乐山。"然而,每个人都可以通过不懈努力,成为一个拥有忠恕之道和悲悯之心的智者。少年啊!请热泪盈眶踏过千山万水,去见你心中的"庐山烟雨浙江潮",归来拥有丰富的安静!